John Stevens

# Alltagstauglich

## Englisch

Die wichtigsten Sätze zum Mitreden

Hueber Verlag

Ein kostenloser MP3-Download zum Buch ist unter
www.hueber.de/audioservice erhältlich.

Das Werk und seine Teile sind urheberrechtlich geschützt.
Jede Verwertung in anderen als den gesetzlich zugelassenen
Fällen bedarf deshalb der vorherigen schriftlichen Einwilligung
des Verlags.

Hinweis zu § 52a UrhG: Weder das Werk noch seine Teile dürfen
ohne eine solche Einwilligung überspielt, gespeichert und in
ein Netzwerk eingespielt werden. Dies gilt auch für Intranets von
Firmen, Schulen und sonstigen Bildungseinrichtungen.

Eingetragene Warenzeichen oder Marken sind Eigentum des
jeweiligen Zeichen- bzw. Markeninhabers, auch dann, wenn diese
nicht gekennzeichnet sind. Es ist jedoch zu beachten, dass weder
das Vorhandensein noch das Fehlen derartiger Kennzeichnungen
die Rechtslage hinsichtlich dieser gewerblichen Schutzrechte berührt.

| 5. | 4. | 3. | | Die letzten Ziffern |
|---|---|---|---|---|
| 2020 | 19 | 18 | 17 | 16 | bezeichnen Zahl und Jahr des Druckes. |

Alle Drucke dieser Auflage können, da unverändert,
nebeneinander benutzt werden.
1. Auflage
© 2013 Hueber Verlag GmbH & Co. KG, 85737 Ismaning, Deutschland
Umschlaggestaltung: creative partners gmbh, München
Coverfoto: © Thinkstock/Comstock Images
Illustrationen: © Adrian Sonnberger, www.die-illustration.de
Redaktion: Juliane Forßmann, Stephanie Pfeiffer, Hueber Verlag, Ismaning
Layout und Satz: Sieveking · Agentur für Kommunikation, München
Druck und Bindung: Kessler Druck + Medien GmbH & Co. KG, Bobingen
Printed in Germany
ISBN 978-3-19-007932-2

# EINFÜHRUNG

Gekonnt und sicher mitreden in vielen Alltagssituationen: Das bietet Ihnen Alltagstauglich Englisch. Hier finden Sie zu vielen gängigen Gesprächsthemen idiomatisch richtige Wendungen, Fragen und Antworten, um eine Unterhaltung auf Englisch leicht beginnen und flüssig fortführen zu können. Das Buch eignet sich zum Selbststudium, zur Auffrischung oder Verbesserung der Englischkenntnisse sowie als Begleiter auf Reisen.

Einen Überblick über die behandelten Themen bieten die folgenden zwei Seiten. Jedes Hauptkapitel (A, B, C ...) enthält vier zum Thema passende Unterkapitel (1, 2, 3, 4 ...). Die Unterkapitel sind tabellarisch (Englisch – Deutsch) aufgebaut und nehmen je eine Doppelseite ein. In der Randspalte finden Sie Hinweise zum Sprachgebrauch. Am Ende eines jeden Unterkapitels erfahren Sie unter der Rubrik „Gut zu wissen" allerhand Interessantes zu Sprache, Landeskunde und kulturellen Unterschieden.

Die wichtigsten Dos & Don'ts für ein gelungenes Gespräch (Umschlaginnenseite vorne), Hinweise zur Körpersprache (ab S. 110), eine Tabelle mit den wichtigsten unregelmäßigen Verben (S. 112) sowie eine Anleitung zum Buchstabieren (Umschlaginnenseite hinten) runden das Werk ab.

Ein kostenloser MP3-Download zu allen Wendungen und Sätzen ist unter www.hueber.de/audioservice erhältlich. So können Sie die richtige Aussprache trainieren und ganz einfach unterwegs lernen und üben.

Ein paar weitere Hinweise zum Lernen mit diesem Buch:
- Das Englische *you* (du, ihr, Sie ...) wird in den Wendungen und Sätzen jeweils mit einer deutschen Entsprechung wiedergegeben (z. B. mit „du"). Selbstverständlich sind je nach Kontext alle anderen Entsprechungen ebenso möglich (also „ihr" oder „Sie"). Sollte dies nicht der Fall sein, wird es in der Randspalte angemerkt.
- Die deutschen Texte stellen idiomatische Entsprechungen dar und keine wortwörtlichen Übersetzungen.
- BE = britisches Englisch / AE = amerikanisches Englisch
- In *kursiver Schrift* werden alternative Begriffe bzw. Ausdrücke dargestellt.

Viel Erfolg wünschen Autor und Verlag!

**A · BEGRÜSSEN, VORSTELLEN UND VERABSCHIEDEN** — ab S. 6
   1 Die erste Begegnung — S. 6
   2 Sich wieder treffen — S. 8
   3 Sich untereinander bekannt machen — S. 10
   4 Sich verabschieden — S. 12

**B · GUTER UMGANG: BITTE, DANKE & CO.** — ab S. 14
   5 Bitte und danke — S. 14
   6 Sich entschuldigen — S. 16
   7 Können Sie das wiederholen? — S. 18
   8 Gespräche in Gang halten — S. 20

**C · MITEINANDER INS GESPRÄCH KOMMEN** — ab S. 22
   9 Über die Herkunft sprechen — S. 22
  10 Über das Wetter sprechen — S. 24
  11 Nettigkeiten und Komplimente — S. 26
  12 Flirten — S. 28

**D · SICH NÄHER KENNENLERNEN** — ab S. 30
  13 Über den Beruf sprechen — S. 30
  14 Familie und Werdegang — S. 32
  15 Alltag und Routine — S. 34
  16 Personen beschreiben — S. 36

**E · EINLADUNGEN UND VERABREDUNGEN** — ab S. 38
  17 Einladungen — S. 38
  18 Wann und wo? — S. 40
  19 Zu Gast sein — S. 42
  20 Der passende Abschied — S. 44

**F · GUTE UND SCHLECHTE NACHRICHTEN** — ab S. 46
  21 Gute Nachrichten und Glückwünsche — S. 46
  22 Schlechte Nachrichten und Anteilnahme — S. 48
  23 Lustige Anekdoten und Witze — S. 50
  24 Schlechte Erfahrungen — S. 52

**G · GEFÜHLE UND EMOTIONEN** — ab S. 54
  25 Interesse und Desinteresse bekunden — S. 54
  26 Hoffnung, Freude und Glück — S. 56

|   |   |   |
|---|---|---|
|   | 27 Enttäuschung und Traurigkeit | S. 58 |
|   | 28 Überraschung und Unglaube | S. 60 |

## H  DIE MEINUNG ÄUSSERN — ab S. 62

| 29 Ansichten anderer und die eigene Meinung | S. 62 |
|---|---|
| 30 Zustimmung ausdrücken | S. 64 |
| 31 Widersprechen | S. 66 |
| 32 Beschwerde und Reklamation | S. 68 |

## I  UNTERWEGS IN DER STADT — ab S. 70

| 33 Vorschläge und Empfehlungen | S. 70 |
|---|---|
| 34 Im Restaurant | S. 72 |
| 35 Shopping | S. 74 |
| 36 In der Unterkunft | S. 76 |

## J  FREIZEIT — ab S. 78

| 37 Das interessiert mich | S. 78 |
|---|---|
| 38 Sport ist mein Ding | S. 80 |
| 39 Kunst und Kultur | S. 82 |
| 40 Popkultur | S. 84 |

## K  URLAUB UND REISE — ab S. 86

| 41 Urlaubspläne und Reiseberichte | S. 86 |
|---|---|
| 42 Unterwegs | S. 88 |
| 43 Ausflüge und Besichtigungen | S. 90 |
| 44 Wellness und Erholung | S. 92 |

## L  AM TELEFON — ab S. 94

| 45 Private Telefonate | S. 94 |
|---|---|
| 46 Geschäftliche Telefonate | S. 96 |
| 47 Eine Nachricht hinterlassen | S. 98 |
| 48 Reservieren und bestellen | S. 100 |

## M  MEDIEN UND KOMMUNIKATION — ab S. 102

| 49 SMS und Messaging | S. 102 |
|---|---|
| 50 Chatten und soziale Netzwerke | S. 104 |
| 51 Mailen und digitale Daten tauschen | S. 106 |
| 52 Briefe und Karten schreiben | S. 108 |

# A

**Begrüßen, Vorstellen und Verabschieden**

*Ms* ist eine höfliche und neutrale Anrede für verheiratete und nicht verheiratete Frauen. *Ms* wird mit stimmhaftem *-s* ausgesprochen: [mɪz]

*How do you do?* ist sehr förmlich und wird mit *How do you do?* beantwortet.

Achtung Fehlerquelle: *Welcome to* nicht *welcome in*.

## 1 Meeting the first time
### Die erste Begegnung

| | |
|---|---|
| *Mr / Mrs / Ms* Hopkins? | *Herr / Frau / Frau* Hopkins? |
| Excuse me, are you Mr Wates (by any chance)? | Entschuldigung, sind Sie (zufällig) Herr Wates? |
| You must be *Mr / Mrs / Ms* Miles. | Sie müssen *Herr / Frau / Frau* Miles sein. |
| Hello. | Guten Tag. |
| *Nice / Pleased* to meet you. | *Nett / Freut mich*, Sie kennenzulernen. |
| How do you do? | Guten Tag. |
| It's good to *meet (up) / meet face to face* … | Es ist schön, Sie persönlich zu treffen … |
| … *after all this time / at last*. | … nach dieser langen Zeit / endlich. |
| Welcome to Germany. | Willkommen in Deutschland. |
| May I call you Emma? | Darf ich Emma zu Ihnen sagen? |
| Please call me Emma. | Bitte nennen Sie mich Emma. |
| Yes, of course, and I'm Dirk. | Ja gerne, und ich bin Dirk. |
| Thanks for coming to meet me. | Danke, dass Sie mich abholen kommen. |
| Thank you for picking me up (like this). | Danke, dass Sie mich (hier) abholen. |
| *No problem. / You're welcome. / That's OK.* | *Kein Problem. / Gern geschehen. / Gerne.* |
| Did you have a good flight? | Hatten Sie einen guten Flug? |

| | |
|---|---|
| How was the *trip / journey*? | Wie war die Reise? |
| There was a bit of a delay. | Ich wurde etwas aufgehalten. |
| There was a problem with ... | Es gab ein Problem mit ... |
| Everything *was / went* fine. | Alles ist gut gelaufen. |
| There were problems, but I'll tell you about that later. | Es gab Probleme, aber das erzähle ich Ihnen später. |
| Can I give you a hand with your bags? | Kann ich Ihnen mit dem Gepäck helfen? |
| Would you like some help with your luggage? | Möchten Sie, dass ich Ihnen mit dem Gepäck helfe? |
| Shall I take ...? | Soll ich ... nehmen? |
| Let me take ... | Lassen Sie mich ... tragen. |
| That would be great. | Das wäre toll. |
| That's very kind of you. | Das ist sehr freundlich. |
| No, thanks. I can manage. | Danke (nein). Ich schaffe das schon. |
| Shall we go? | Wollen wir gehen? |
| This way, it's not far. | Hier (ent)lang, es ist nicht weit. |
| We'll take a taxi. | Wir nehmen ein Taxi. |
| We have to take *a train / a bus*. | Wir müssen *die Bahn / den Bus* nehmen. |
| It's about ... minutes. | Es sind etwa ... Minuten. |
| It takes *half an hour / an hour*. | Wir brauchen *eine halbe Stunde / eine Stunde*. |
| I have my car right outside. | Mein Auto steht direkt *vor der Tür / vorm Eingang*. |
| I'm parked *in the car park / in the multi-storey (car park)*. | Ich stehe *auf dem Parkplatz / im Parkhaus*. |

Nicht: ~~We take ...~~

Auch bei anderen Pluralen: *it's six kilometres, it's four pounds*

> **Gut zu wissen!**
> Engländer und Amerikaner gehen schnell, oft auch sofort zum Vornamen über. Bei Gästen aus anderen Kulturen (z. B. Asien) wirkt dies oft unhöflich bzw. wird als Mangel an Respekt wahrgenommen.

# A

**Begrüßen, Vorstellen und Verabschieden**

## 2 Meeting up again
## Sich wieder treffen

Auch wenn es in der Schule anders gelehrt wurde: Auf *How are you?* darf man ruhig mit *Good.* antworten.

Zeitangaben:
- *at* + Zeit, Fest: *at 11 o'clock, at Easter*
- *in* + Jahr, Monat (ohne *the*), Tageszeit, Jahreszeit: *in 2009, in March, in the summer, in the morning*
- *on* + Tag, Datum: *on Monday, on Christmas Day, on 10th February*
- *last* und *next* ohne *at, in*: *last Christmas, next June*

| | |
|---|---|
| *Hi / Hello*, Jacky! | Hallo Jacky! |
| *Great to see you again.* | Schön, dich wiederzusehen. |
| *And you.* | *Ebenso. / Dich auch.* |
| *How are you?* | Wie geht's? |
| *How are things?* | Wie geht's denn so? |
| *Good. / Great. / Fine.* | *Gut. / Super. / Gut.* |
| *Long time no see.* | Lange nicht gesehen. |
| *It's been a long time.* | Es ist schon lange her. |
| *How long has it been?* | Wie lange ist das her? |
| *The last time was …* | Das letzte Mal war … |
| *You haven't changed a bit.* | Du hast dich überhaupt nicht verändert. |
| *I'm surprised you still recognize me!* | Mich wundert's, dass du mich überhaupt noch wiedererkennst. |
| *I've lost some hair / put on some weight.* | Ich habe *ein paar Haare verloren / ein bisschen zugenommen*. |
| *You've lost some weight.* | Du hast abgenommen. |
| *You've changed your hairstyle.* | Du *hast / trägst* die Haare anders. |
| *It suits you.* | Es steht dir. |
| *You're looking great.* | Du siehst toll aus. |
| *So you remembered the way.* | Du hast also noch zu *mir / uns* gefunden. |
| *You found the new place.* | Du hast die neue Wohnung gefunden. |

| | |
|---|---|
| Was it difficult to get here? | War's schwierig, hierher zu finden? |
| It's really lovely to see you again. | Es ist wirklich schön, dich wiederzusehen. |
| I'm so pleased (that) *you could make it / it worked out*. | Ich freue mich wirklich sehr, dass *du es geschafft hast / es geklappt hat*. |
| I can't tell you how much I've missed you. | Ich kann dir gar nicht sagen, wie sehr du mir gefehlt hast. |
| So what's new? | Gibt's was Neues? |
| A lot's happened. | Es hat sich viel getan. |
| Things are pretty much the same. | Es ist eigentlich alles beim Alten geblieben. |
| I can't really remember when you were here last. | Ich weiß nicht mehr genau, wann du das letzte Mal hier warst. |
| How is Julie? | Wie geht es Julie? |
| How are Martin and Sandra? | Wie geht es Martin und Sandra? |
| Rebecca is (so) looking forward to *seeing you again / meeting you*. | Rebecca freut sich (sehr) darauf, dich *wiederzusehen / kennenzulernen*. |
| There's somebody who can't wait to meet you. | Es gibt jemanden, der es kaum erwarten kann, dich kennenzulernen. |
| This all looks very familiar. | Das kommt mir alles sehr bekannt vor. |
| All this has changed. | Das alles ist jetzt anders. |

Achtung: *look forward to doing something*
Nicht: ~~look forward to do something~~

> **Gut zu wissen!**
> Fragen nach dem Befinden beantwortet man dezent zurückhaltend und ohne ins Detail zu gehen mit *Fine, Very well* oder *Not (too) bad*. Ein Gesundheitsbericht wird nicht erwartet!

# A
## Begrüßen, Vorstellen und Verabschieden

### 3 Introductions
### Sich untereinander bekannt machen

| | |
|---|---|
| Do you know Tom? | Kennen Sie Tom schon? |
| Have you met my colleague Ann? | Haben Sie schon meine Kollegin Ann kennengelernt? |
| Is there anybody here that you know? | Kennst du hier irgendjemanden? |
| Come and meet Susanne. | Komm, ich stelle dir Susanne vor. |
| I'd like you to meet Jane Meakes. | Ich möchte Sie gerne mit Jane Meakes bekannt machen. |
| Let me introduce you to Roland. | Lass mich dir Roland vorstellen. |
| Can / May I introduce you to Julian Barker? | Kann / Darf ich Ihnen Julian Barker vorstellen? |
| This is my son Mark. | Das ist mein Sohn Mark. |
| This is Rebecca and Martin. | Das sind Rebecca und Martin. |
| This is … | Das ist … |
| … my partner. | … mein(e) Partner(in). |
| … my *husband / wife / son / daughter*. | … mein(e) *Mann / Frau / Sohn / Tochter*. |
| … my *boyfriend / girlfriend*. | … mein(e) *Freund / Freundin*. |
| … my (business) partner. | … mein(e) Geschäftspartner(in). |
| Meet Tony Habberfield. | Das ist Tony Habberfield. |
| He's / She's … | Er ist / Sie ist … |
| … my boss. | … mein(e) Chef(in). |

Auch wenn zwei Personen vorgestellt werden, heißt es *This is …* und nicht ~~*These are …*~~

| | |
|---|---|
| … a colleague of mine. | … ein(e) Kollege(in) von mir. |
| … a good friend of mine. | … ein(e) gute(r) Freund(in) von mir. |
| … our neighbour. | … unser(e) Nachbar(in). |
| I don't think we've met, have we? | Wir kennen uns noch nicht, oder? |
| Sorry, but have we met before? | Entschuldigung, aber sind wir uns schon einmal begegnet? |
| Let me briefly introduce myself. | Darf ich mich kurz vorstellen? |
| I've heard *a lot / so much* about you. | Ich habe schon *viel / so viel* über Sie gehört. |
| Didn't we speak on the phone? | Haben wir nicht miteinander telefoniert? |
| I recognized *your face / your voice* straightaway. | *Ihr Gesicht / Ihre Stimme* kam mir gleich bekannt vor. |
| I knew we'd seen each other somewhere before. | Ich wusste, dass wir uns bereits irgendwo begegnet sind. |
| I'm afraid I have a terrible memory for names. | Leider kann ich mir Namen ganz schlecht merken. |
| I'm afraid there's a misunderstanding. | Ich fürchte, hier liegt ein Missverständnis vor. |
| I think you've mistaken me for someone else. | Ich glaube, Sie verwechseln mich mit jemand anderem. |
| Oh, my apologies. You look just like *him / her*. | Ach, Entschuldigung. Sie sehen genauso aus wie *er / sie*. |

Beachten Sie:
*a colleague / friend of mine*
Nicht: ~~a colleague / friend of me~~

Nein, Engländer und Amerikaner haben nicht ständig Angst. *I'm afraid* ist der gängige Ausdruck für „leider".

> **Gut zu wissen!**
> Bei der Begrüßung von Briten, Amerikanern und Kanadiern ist (fast) alles erlaubt – Handschlag, Schultertippen, Küsschen (einmal, zweimal) – oder auch gar kein Körperkontakt. Küsschen gibt es zwischen Mann und Frau oder zwischen zwei Frauen, zwischen Männern normalerweise aber nicht.

# A

**Begrüßen, Vorstellen und Verabschieden**

## 4 Goodbye
## Sich verabschieden

| | |
|---|---|
| Bye(, bye). | Wiedersehen. |
| Goodbye. | Auf Wiedersehen. |
| Cheerio. | Tschüss. |
| See you. | Bis *bald / demnächst*. |
| Take care. | Pass auf dich auf. |
| Till next Sunday. | Bis nächsten Sonntag. |
| It was great to see you again. | Es war schön, dich wiederzusehen. |
| It's been a (real) pleasure to meet you. | Es hat mich (sehr) gefreut, Sie kennenzulernen. |
| I look forward to meeting you again soon. | Ich freue mich darauf, Sie bald wieder zu treffen. |
| I hope it won't be too long till the next time. | Ich hoffe, bis zum nächsten Mal vergeht nicht zu viel Zeit. |
| See you in Chicago then, if not before. | Wir sehen uns dann in Chicago, wenn nicht früher. |
| Have a good flight. | Guten Flug! |
| Safe journey home! | Kommen Sie gut nach Hause. |
| I hope all goes well. | Ich hoffe, dass alles gut geht. |
| Text me if there are any problems. | Schick mir eine SMS, wenn es irgendwelche Probleme gibt. |
| Give me a buzz when you get home. | Ruf kurz durch, wenn du zu Hause bist. |
| Let me know when you've arrived. | Gib mir Bescheid, wenn du angekommen bist. |
| Give my love to Carsten. | Liebe Grüße an Carsten. |
| Say hello to Amy for me. | Grüß mir Amy. |

Nicht vergessen: *look forward to + -ing* (siehe Seite 9).

*a text* = eine SMS
*(to) text* = simsen

| | |
|---|---|
| Give my best wishes to Ronnie. | Schöne Grüße an Ronnie. |
| Give my regards to your wife. | Grüßen Sie Ihre Frau von mir. |
| Let's keep in touch. | Lass uns in Kontakt bleiben. |
| Don't forget to let me know when you're over this way again. | Vergiss nicht, mir Bescheid zu geben, wenn du wieder einmal in der Gegend bist. |
| There's always a spare bed. | Wir haben immer ein Bett frei. |
| Drop in any time. | Du kannst jederzeit vorbeischauen. |
| You're always welcome, you know that. | Sie sind uns immer willkommen, das wissen Sie ja. |
| Will you excuse me, please? | Wenn Sie mich bitte entschuldigen? |
| I'm afraid I have to go soon. | Ich fürchte, ich muss bald gehen. |
| I'm afraid it's time for me to go. | Ich muss jetzt leider los. |
| It's time to make a move. | Es wird Zeit zu gehen. |
| It's time I started making my way. | Es ist Zeit, dass ich mich auf den Weg mache. |
| I have to hit the road. | Ich muss los. |
| No, I really must be going now. | Nein, ich muss jetzt wirklich gehen. |

*Will* und *won't* verwendet man in höflichen Fragen und Angeboten: *Will / Won't you sit down?* („Wollen Sie sich nicht setzen?")

> **Gut zu wissen!**
> Überall auf der Welt gibt es beim Abschied ein ähnliches Ritual: „Ach, Sie wollen schon gehen? Bleiben Sie doch noch ein bisschen. Trinken Sie doch noch ein letztes Glas."
> Es ist nützlich, sich mehrere Floskeln zu merken, mithilfe derer man sich nach und nach ‚verziehen' kann. Allgemeine Höflichkeitsregeln sind schwer zu formulieren. Das Wichtigste: Nicht zu abrupt abbrechen, und reichlich *please* und *thank you* verwenden!

# B

**Guter Umgang: Bitte, danke & Co.**

## 5 Please and thank you
### Bitte und danke

| | |
|---|---|
| Just a moment, please. | Einen Augenblick, bitte. |
| Would you like some help? – Yes, please. | Benötigen Sie Hilfe? – Ja, gern. |
| Can you put it on my room bill, please? | Können Sie es bitte auf meine Zimmerrechnung setzen? |
| Could I ask you to move your car, please? | Wären Sie bitte so freundlich, Ihr Auto umzuparken? |
| Would you show me the way, please? | Würden Sie mir bitte den Weg zeigen? |
| Would you mind if I brought a friend? | Hätten Sie etwas dagegen, wenn ich eine(n) Freund(in) mitbringe? |
| Would you mind waiting here? | Würde es Ihnen etwas ausmachen, hier zu warten? |
| Would you sign here, please? | Würden Sie bitte hier unterschreiben? |
| I wonder if I could (possibly) ask you to … | Ob ich Sie wohl (möglicherweise) darum bitten könnte, … |
| *Thanks. / Thank you.* | Danke. |
| *Thanks a lot.* | Besten Dank. |
| *Thanks / Thank you very much.* | Vielen Dank. |
| *Thanks / Thank you very much indeed.* | Vielen herzlichen Dank. |

*Would you mind + if + Vergangenheitsform.*

*Would you mind + -ing-Form.*

| | |
|---|---|
| Would you like some more coffee? – No, thanks. | Möchten Sie noch etwas Kaffee? – (Nein) danke. |
| Could I have some more coffee? – Of course, here you are. | Könnte ich noch etwas Kaffee haben? – Aber natürlich, bitte sehr. |
| Thanks. – No problem. | Danke. – Kein Problem. |
| Thanks. – That's *OK / alright*. | Danke. – Bitte. |
| Thanks. – You're welcome. | Danke. – Gern geschehen. |
| Thanks. – Any time. | Danke. – Jederzeit gern. |
| You've been a great help. | Sie waren mir eine große Hilfe. |
| That's very *kind / sweet* of you. | Das ist sehr *freundlich / lieb* von dir. |
| What a lovely idea. | Was für eine nette Idee. |

Bei Ablehnung eines Angebots ist es wichtig, *No* zu sagen (*No, thanks / thank you*). Sagt man nur *Thanks / Thank you*, wird dies als Zustimmung verstanden.

> **Gut zu wissen!**
> Das deutsche „bitte" ist im Englischen eine regelrechte Sprachfalle, denn es gibt mehrere Entsprechungen.
> - „bitte" bei einer Bitte oder Aufforderung:
>   *Two coffees, please.*
> - „bitte (schön)" beim Überreichen eines Gegenstands:
>   *Here you are. Two coffees.*
> - „bitte (schön)" als Reaktion auf einen Dank:
>   *Thanks very much. – No problem. / That's OK. / That's all right. / You're welcome.*
> - „(wie) bitte?":
>   *Sorry? / Excuse me? / Pardon?*
>
> Auch wenn es für deutsche Ohren übertrieben klingt, gehört es in englischsprachigen Ländern zum guten Umgangston, ständig *please* und *thank you* zu sagen. Tipp: Angebote immer mit *Yes, please* annehmen oder mit *No, thanks* ablehnen.

# B

**Guter Umgang: Bitte, danke & Co.**

## 6 Apologizing
## Sich entschuldigen

| | |
|---|---|
| Sorry. | Tut mir leid. |
| I'm *really / so / very / terribly / awfully* sorry. | Es tut mir *wirklich / so / sehr / furchtbar / schrecklich* leid. |
| *Excuse me. / Pardon me.* I didn't see you. | Entschuldigung, ich habe Sie nicht gesehen. |
| I didn't mean to bother you. | Ich wollte Ihnen keine Umstände machen. |
| (I'm) sorry to disturb you. | Entschuldigung, dass ich störe. |
| (I'm) sorry to keep you waiting. | Entschuldigung, dass ich Sie habe warten lassen. |
| (I'm) sorry for being late. | Entschuldigung, dass ich zu spät komme. |
| I apologize for being late. | Entschuldigung, dass ich zu spät komme. |
| My apologies. | Entschuldigen Sie bitte. |
| I really do apologize. | Ich bitte herzlich um Entschuldigung. |
| Please accept my apologies. | Ich bitte aufrichtig um Entschuldigung. |
| I don't understand how this could have happened. | Ich verstehe nicht, wie das passieren konnte. |
| This should never have happened. | Das hätte nie passieren dürfen. |
| This is really very embarrassing. | Das ist mir wirklich sehr peinlich. |
| There seems to be a misunderstanding. | Es scheint ein Missverständnis vorzuliegen. |

Bevor man etwas tut: *I'm sorry to* + Infinitiv. Nachdem man etwas getan hat: *I'm sorry for* + *ing*-Form

Wird auch gesagt, um eine Schuldzuweisung zu vermeiden.

| | |
|---|---|
| There must have been some mistake. | Es muss sich um ein Missverständnis handeln. |
| Something has gone wrong. | Es ist etwas schief gelaufen. |
| There's been a real mix-up. | Es gab ein richtiges Durcheinander. |
| I didn't realize you had a visitor. | Ich wusste nicht, dass Sie Besuch haben. |
| I'm afraid I've been held up. | Ich bin leider aufgehalten worden. |
| I wasn't expecting you to arrive so early. | So früh habe ich Sie gar nicht erwartet. |
| Sorry. – No problem. | Entschuldigung. – Kein Problem. |
| It's (*quite / perfectly*) alright. | Das ist (*ganz / völlig*) in Ordnung. |
| Don't worry. | Mach dir keine Sorgen. |
| It doesn't matter. | Es macht doch nichts. |
| Forget it. | Ist doch egal. |
| No worries. | Macht nix. |

*expect someone to do something* oder *expect that someone would do something*, nicht: ~~expect that someone does something~~

> **Gut zu wissen!**
> Für Entschuldigungen im Englischen gilt:
> - *Excuse me* und besonders im Amerikanischen auch *Pardon me*, um jemanden anzusprechen oder zu unterbrechen, bevor man etwas tut!
> - *Sorry* und besonders im Amerikanischen auch *Excuse me*, um sich für etwas zu entschuldigen, nachdem man es getan hat.
>
> Je nach Tonlage kann *Excuse me* auch der Anfang einer Kritik oder verbalen Attacke sein: *Excuse me, but it's you who's causing the problem here.*
> *Excuse me* ist allgemein auch gebräuchlich, wenn man ‚unhöfliche Geräusche' gemacht hat (Rülpsen, Schnäuzen usw.) oder diese rügen möchte (dann wird *me* betont).
>
> Die Briten sagen aber auch *Sorry*, bevor sie etwas tun, wenn der Satz, wie in einigen der genannten Beispiele, mit *to* + Infinitiv noch weitergeht.

# B

**Guter Umgang: Bitte, danke & Co.**

## 7 Can you say that again?
## Können Sie das wiederholen?

| | |
|---|---|
| Do you speak *English / German*? | Sprechen Sie *Englisch / Deutsch*? |
| Yes, (but I'm afraid *only / just*) a little. | Ja, (aber leider nur) ein wenig. |
| *Can / Do* you understand? | Verstehen Sie (mich)? |
| Are you with me? / Do you follow me? | Können Sie mir folgen? |
| I see. / I get you. / I'm with you. | (Ich) verstehe. |
| Sorry? / Excuse me? / Pardon? | Wie bitte? |
| I'm sorry, I don't understand. | Entschuldigung, ich verstehe (das) nicht. |
| Sorry, I didn't (quite) *catch / get* that. | Das habe ich leider nicht (ganz) mitbekommen. |
| Sorry, what did you say? | Entschuldigung, was haben Sie gesagt? |
| Could you speak a bit more slowly, please? | Könnten Sie bitte etwas langsamer sprechen? |
| Can you *speak a bit louder / speak up a bit*, please? | Könnten Sie bitte etwas lauter sprechen? |
| Sorry, could you *repeat that / say that again*, please? | Entschuldigung, könnten Sie das bitte wiederholen? |
| Sorry, what was that (word) again? | Entschuldigung, wie war das (Wort) noch mal? |
| Could you write it down for me, please? | Könnten Sie es mir bitte aufschreiben? |
| Is that with one L or two? | Ist das mit einem oder zwei L? |

Mehr zu *Sorry, Excuse me* und *Pardon* finden Sie in Kapitel 6.

| | | |
|---|---|---|
| Is that a capital or small S? | Ist das ein großes oder kleines S? | |
| Do you mean …? | Meinen Sie …? | |
| What does … mean, please? | Was bedeutet …? | *Achtung Sprachfalle! Nicht What means …? sondern What does … mean?* |
| Sorry, I don't know the English word. | Ich kenne leider das englische Wort dafür nicht. | |
| What's the English for …? | Wie heißt … auf Englisch? | |
| What's this called in English? | Wie nennt man das auf Englisch? | |
| What do you say in English *when / if* you need a doctor? | Was sagt man auf Englisch, wenn man einen Arzt braucht? | *When* und *if* sind in der Bedeutung „(immer) wenn" austauschbar. |
| What's that in German? | Wie heißt das auf Deutsch? | |
| What's the *English / German* equivalent? | Wie lautet die *englische / deutsche* Entsprechung? | |
| Can you give me an example? | Können Sie mir ein Beispiel nennen? | |
| How do you say this? | Wie sagt man das? | |
| How do you pronounce this? | Wie spricht man das aus? | |
| How do you spell that? | Wie buchstabiert man das? | |
| I'm sorry, I think I've said the wrong thing. | Entschuldigung, ich glaube, ich habe mich falsch ausgedrückt. | |
| I'll try and say it another way. | Ich versuche, es anders zu sagen. | |
| What I (actually) wanted to say was … | Was ich (eigentlich) sagen wollte, war … | |

> **Gut zu wissen!**
> Wenn einem die Worte fehlen, ist Kreativität gefordert – Mimik, Gestik, Geräusche machen oder Zeichnen. Meist ist die Reaktion des Gegenübers freundlich, vielleicht gibt es auch einen Lacher. Einleiten kann man diese Art der Kommunikation dann mit einem Satz wie:
> *Sorry, I'm completely lost.*

# B

**Guter Umgang: Bitte, danke & Co.**

## 8 Oh really? That's interesting. Gespräche in Gang halten

Wenn der Gesprächspartner auf einen Kommentar mit *That's interesting* und besonders *How interesting* reagiert, kann das genau das Gegenteil bedeuten. Hier macht der Ton die Melodie.

| | |
|---|---|
| Oh really? | *Ach so? / Ach wirklich?* |
| That's interesting. | *Das ist ja interessant.* |
| How interesting. | *Wie interessant.* |
| I didn't know that. | *Das wusste ich nicht.* |
| I've never heard that before. | *Davon habe ich (noch) nie etwas gehört.* |
| But that's just *great / wonderful / fantastic / amazing*. | *Das ist ja großartig / wunderbar / fantastisch / unglaublich.* |
| Isn't that just great? | *Ist das nicht einfach großartig?* |
| Well I never! | *Nein, so was!* |
| Oh my goodness! | *Ach du meine Güte!* |
| Gosh! | *Mensch!* |
| Cool! | *Cool!* |
| I don't know what to say. | *Ich weiß nicht, was ich sagen soll.* |
| What happened next? | *Was ist dann passiert?* |
| So how did you find out? | *Wie haben Sie es herausgefunden?* |
| What did you do? | *Was hast du (dann) gemacht?* |
| When did you finally arrive? | *Wann sind Sie dann letztendlich angekommen?* |
| That's the first time I've (ever) heard anything like that. | *Das höre ich zum ersten Mal.* |

Auf *It's* bzw. *This / That is the first time (that)* folgt Perfekt, nicht Gegenwart.

| | |
|---|---|
| How awful! | Wie schrecklich! |
| That must have been tricky. | Das muss ja knifflig gewesen sein. |
| That sounds pretty grim. | Das klingt ziemlich scheußlich. |
| What an unusual situation. | Was für eine ungewöhnliche Situation. |
| I don't know what I would have done. | Ich weiß nicht, was ich gemacht hätte. |
| I always find that … | Ich finde immer, dass … |
| Something like that happened to me once. | So etwas ist mir auch schon mal passiert. |
| That sort of thing always drives me crazy. | So etwas bringt mich immer gleich auf die Palme. |
| I know all about that. | Das kenne ich nur zu gut. |
| So tell me again. | Wie war das noch einmal? |
| Did you really have to …? | Musstet ihr wirklich …? |
| And what was the response? | Und wie war die Reaktion? |
| So what did she *say* / *do*? | Was hat sie denn *gesagt* / *getan*? |
| And was that it? | Und das war's dann? |

Nicht verwechseln:
*awful = really bad* = schrecklich
*awesome = really good* = toll, spitze

> **Gut zu wissen!**
> Es ist gar nicht schwer, ein guter Zuhörer und Gesprächspartner zu sein. Nehmen Sie sich einfach die folgenden drei goldenen Regeln zu Herzen:
>
> Regel 1: Zeigen Sie durch Ihre Körperhaltung, dass Sie an Ihrem Gesprächspartner interessiert sind. Schauen Sie ihn vor allem an, doch ohne ihm permanent in die Augen zu sehen.
> Regel 2: Zeigen Sie durch ‚Bestätigungsgeräusche' (*Uhha, Mm* usw.) dass Sie Ihrem Gegenüber folgen können.
> Regel 3: Vermeiden Sie Fragen, die einfach mit ‚ja' oder ‚nein' beantwortet werden können. Stellen Sie stattdessen sogenannte ‚offene' Fragen (*How? What? When? Where? Who? Which? Why?*).

# C
### Miteinander ins Gespräch kommen

## 9 Where are you from?
### Über die Herkunft sprechen

| | |
|---|---|
| So where are you from? | Und woher kommen Sie? |
| Where's home? | Wo sind Sie zu Hause? |
| Where do you come from originally? | Wo kommen Sie ursprünglich her? |
| What part of the country is that? | Welcher Landesteil ist das? |
| Let me guess: are you Canadian? | Lassen Sie mich raten: Sie sind Kanadier(in)? |
| Are you by any chance South African? | Sind Sie zufällig Südafrikaner(in)? |
| I'm from *Germany / Austria / Switzerland*. | Ich bin aus *Deutschland / Österreich / der Schweiz*. |
| I'm from a place called … | Ich bin aus einem Ort namens … |
| It's in the *north / south / east / west*. | Das liegt im *Norden / Süden / Osten / Westen*. |
| It's *north / south / east / west* of Cologne. | Es liegt *nördlich / südlich / östlich / westlich* von Köln. |
| It's sort of in the middle of Germany. | Es liegt so etwa in der Mitte von Deutschland. |
| It's near Berlin. | Es liegt in der Nähe von Berlin. |
| It's not far from Munich. | Es ist nicht weit (entfernt) von München. |
| It's *on the (River) Rhine / in the Black Forest / by the sea*. | Es liegt *am Rhein / im Schwarzwald / am Meer*. |

Beachten Sie, dass Nationalitäten im Englischen immer großgeschrieben werden.

| | |
|---|---|
| It's *on / close to* the Polish border. | Es ist *an / nahe* der Grenze zu Polen. |
| It's in *North Rhine-Westphalia / Bavaria / (Lower) Saxony.* | Es liegt in *Nordrhein-Westfalen / Bayern / (Nieder-)Sachsen.* |
| It's just a tiny little place. | Es ist ein winzig kleiner Ort. |
| It's in the middle of nowhere. | Es ist mitten im Nirgendwo. |
| You've probably never heard of it. | Sie haben wahrscheinlich nie davon gehört. |
| It's not exactly the centre of the universe. | Es ist nicht gerade der Mittelpunkt der Welt. |
| You needn't worry if you've never heard of it. I hadn't till I moved there! | Denken Sie sich nichts, wenn Sie nie davon gehört haben. Das hatte ich auch nicht, bis ich dahin gezogen bin! |
| I like it. It's a great place to live. | Mir gefällt es. Dort lässt es sich gut leben. |
| It's not exactly a place to write home about. | *Die Gegend / Der Ort* ist eher öde. |
| Home is where your friends are, right? | Wo man Freunde hat, da fühlt man sich zu Hause, stimmts? |
| I was born in … | Ich bin gebürtig aus … |
| Originally, I'm from … | Ursprünglich bin ich aus … |
| I moved to Hanover four years ago. | Ich bin vor vier Jahren nach Hannover gezogen. |
| So is this your first time here? | Sind Sie denn das erste Mal hier? |
| Is this your first trip to Vienna? | Ist das Ihre erste Reise nach Wien? |

Achtung: *I was born* und nicht *I am born*.

> **Gut zu wissen!**
> Einige Briten und viele Amerikaner haben nur rudimentäre Kenntnisse der deutschsprachigen Länder. Wundern Sie sich also nicht, wenn ihnen auch große Städte unbekannt sind.

# C

**Miteinander ins Gespräch kommen**

Die für das Englische typischen *question tags* (Frageanhängsel) funktionieren so:
bejahter Hauptsatz + negativer *tag*:
*It is ..., isn't it?*
verneinter Hauptsatz + positiver *tag*:
*It isn't ..., is it?*

## 10 Nice day, today
### Über das Wetter sprechen

| | |
|---|---|
| Nice day today, isn't it? | Schöner Tag heute, nicht wahr? |
| Not a very nice day today, is it? | Kein sehr schöner Tag heute, nicht wahr? |
| What a *glorious / wonderful* day! | Was für ein *herrlicher / wunderbarer* Tag. |
| What *a terrible / an awful* day! | Was für ein schrecklicher Tag! |
| It's better than *yesterday / this morning*. | Es ist besser als *gestern / heute Morgen*. |
| It's so *hot / cold / windy / foggy*. | Es ist so *heiß / kalt / windig / neblig*. |
| This *rain / wind / fog* is terrible, isn't it? | Dieser *Regen / Wind / Nebel* ist schrecklich, oder? |
| At least it isn't raining. | Wenigstens regnet es nicht. |
| It's good to see the sun again (for a change). | Es ist schön, (zur Abwechslung) mal wieder die Sonne zu sehen. |
| What's the weather usually like at this time of year? | Wie ist das Wetter in dieser Jahreszeit normalerweise? |
| It's often like this here. | Es ist oft so hier. |
| We don't get much snow. | Wir haben nicht viel Schnee. |
| I (don't) like it when it's ... | Ich mag es (nicht), wenn es ... ist. |
| I hate *the winter / the cold*. | Ich mag *den Winter / die Kälte* überhaupt nicht. |
| I love *spring / the sun*. | Ich liebe *den Frühling / die Sonne*. |

| | |
|---|---|
| I can't stand the heat. | Ich vertrage die Hitze nicht. |
| I don't mind it. | Mir macht das nichts aus. |
| There was quite a frost last night. | Der Frost war ganz schön knackig letzte Nacht. |
| It chucked it down yesterday. | Gestern hat es nur geschüttet. |
| Wall-to-wall sunshine. Fantastic! | Sonne von morgens bis abends. Fantastisch! |
| It couldn't be *better / worse*. | *Besser / Schlimmer* könnte es nicht sein. |
| What's the (weather) forecast? | Wie ist die (Wetter-) Vorhersage? |
| (They say) it's going to be mainly *dry / wet / cloudy / sunny*. | (Es heißt,) es soll weitgehend *trocken / nass / wolkig / sonnig* sein. |
| They're forecasting snow. | Sie haben Schnee vorhergesagt. |
| It's going to get *worse / warmer / colder*. | Es soll *schlechter / wärmer / kälter* werden. |
| It's going to *improve / get better*. | Es wird besser. |
| It's going to stay wet and windy for most of the day. | Es bleibt den größten Teil des Tages nass und windig. |
| It should *brighten up / cool down* later. | Es soll sich später *aufhellen / abkühlen*. |
| It's only three degrees. | Es sind ja nur drei Grad. |
| It's minus six. | Es sind minus sechs Grad. |
| It's below freezing. | Wir haben Temperaturen unter dem Gefrierpunkt. |
| It's over 30 degrees. | Es sind über 30 Grad. |

In der Umgangssprache verschmilzt *going to* oft zu *gonna*: *It's gonna be one hell of a hot day.* (Das wird ein höllisch heißer Tag werden.)

Achtung: Im Englischen heißt es immer *It is ... degrees* (Verb im Singular) und nie *There are ... degrees*. Übrigens: *Degree* wird in den USA meist als „Grad Fahrenheit" verstanden.

> **Gut zu wissen!**
> Wenn man über das Wetter spricht, stempelt man sich nicht gleich als Langweiler(in) ab. Im Gegenteil: Das Wetter ist unter Briten ein akzeptiertes und beliebtes Thema, um ganz unverbindlich mit Gott und der Welt in Kontakt zu kommen.

# C

**Miteinander ins Gespräch kommen**

## 11 This is nice
### Nettigkeiten und Komplimente

Ohne Bedeutungsunterschied kann man auch *You're looking* sagen.

AE = *color*

Achtung:
*What a great room!*
*What great rooms!*
Nicht: *What for (a) great ...*

*Place* kann im Englischen je nach Kontext viele Bedeutungen haben: Ort, Restaurant, Büro, Unterkunft, Geschäft, ...

| | |
|---|---|
| This is *nice / lovely / beautiful / great / fantastic*. | Das ist *schön / wunderschön / wunderschön / großartig / fantastisch*. |
| You look *great / really good / top fit*. | Du siehst *großartig / sehr gut / topfit* aus. |
| You haven't changed a bit. | Du hast dich überhaupt nicht verändert. |
| You don't look a day older. | Du siehst so jung aus wie eh und je. |
| The colour really suits you. | Die Farbe steht dir wirklich gut. |
| That's a really cool outfit. | Dein Outfit ist echt cool. |
| What a lovely flat. | Was für eine wunderschöne Wohnung. |
| What a beautiful room! | Was für ein wunderschönes Zimmer! |
| What beautiful flowers! | Was für schöne Blumen! |
| What a fantastic view! | Was für eine herrliche Aussicht! |
| This place has a really nice atmosphere. | Dieser Ort hat eine tolle Atmosphäre. |
| The chair is really *comfortable / comfy*. | Der Stuhl ist wirklich bequem. |
| It's so quiet and peaceful. | Es ist so still und friedlich. |
| It's so lively and vibrant. | Es ist voller Leben. |
| This is *delicious / really tasty*. | Das ist *köstlich / richtig lecker*. |
| That was a great meal. | Das war ein tolles Essen. |

| | | |
|---|---|---|
| I haven't eaten as well (as this) in a long time. | Ich habe lange nicht mehr so gut gegessen. | Nicht vergessen: Das Adverb zu *good* ist *well*. *Good* bezieht sich auf eine Person oder Sache (Nomen), *well* auf eine Tätigkeit (Verb). *It was a **good** meal. We have eaten **well**.* |
| You must give me the recipe. | Du musst mir unbedingt das Rezept verraten. | |
| This is (a) fantastic wine. | Das ist ein fantastischer Wein. | |
| Your *English / German* is very good. | Dein *Englisch / Deutsch* ist wirklich gut. | |
| Where did you learn to speak such good *English / German*? | Wo haben Sie gelernt, so gut *Englisch / Deutsch* zu sprechen? | |
| I wish I could speak English as well as you do. | Ich wünschte, ich könnte so gut Englisch wie du. | |
| What a lovely idea! | Was für eine wunderbare Idee! | |
| What an original present. | Was für ein originelles Geschenk. | |
| I've always wanted something like this. | So etwas habe ich mir schon immer gewünscht. | |
| You shouldn't have, really. | Das wäre wirklich nicht nötig gewesen. | |
| You're so *kind / helpful*. | Sie sind so *freundlich / hilfsbereit*. | |
| You've really gone out of your way to make me feel welcome. | Sie haben wirklich alles getan, damit ich mich wie zu Hause fühle. | |
| I don't know what I would have done without you. | Ich weiß nicht, was ich ohne dich gemacht hätte. | |
| You've been such a great help. | Sie waren mir eine riesige Hilfe. | |
| Thank you for giving me so much of your time. | Danke, dass Sie sich so viel Zeit für mich genommen haben. | |

**Gut zu wissen!**
Lassen Sie sich nicht stören, wenn Komplimente und Nettigkeiten manchmal etwas übertrieben klingen. Das ist einfach die englische Art, Sympathie zu bekunden.

# C
## Miteinander ins Gespräch kommen

## 12 You have a lovely smile
### Flirten

*Join someone* bedeutet „sich zu jemandem setzen" (*Is this seat free? Can I join you?*) oder „bei jemandem mitmachen" (*You're going to the disco? Can I join you?*).

| | |
|---|---|
| I don't think we've met, have we? | Wir kennen uns noch nicht, oder? |
| I don't think I've seen you here before. | Kann es sein, dass du neu hier bist? |
| Is it OK if I join you? | Ist es in Ordnung, wenn ich mich dazugeselle? |
| *Do / Would* you mind if I sit next to you? | Haben Sie etwas dagegen, wenn ich mich zu Ihnen setze? |
| Are you here on your own? | Sind Sie allein hier? |
| I hope I'm not disturbing you, but … | Ich hoffe, ich störe nicht, aber … |
| Excuse me. Can I ask you something? | Entschuldigung. Kann ich Sie etwas fragen? |
| I saw you and I just had to say hello. | Ich habe dich gesehen und musste einfach Hallo sagen. |
| You have a lovely smile. | Sie haben ein wunderschönes Lächeln. |
| You are very pretty. | Sie sind sehr hübsch. |
| You have beautiful eyes. | Sie haben wunderschöne Augen. |
| You have such an infectious laugh. | Sie haben eine so ansteckende Art zu lachen. |
| I don't think I've ever met someone who … | Ich glaube, ich bin noch nie jemandem begegnet, der … |
| What are you into? | Für was interessierst du dich? |
| What do you fancy doing? | Worauf hättest du Lust? |

| | | |
|---|---|---|
| What sort of music do you like? | Welche Art von Musik magst du? | |
| Do you know any good places round here? | Weißt du, wo man hier gut ausgehen kann? | |
| What can you recommend? | Was können Sie empfehlen? | |
| Can I invite you to a drink? | Darf ich Sie auf einen Drink einladen? | |
| I was thinking of leaving soon. | Ich wollte bald gehen. | Achtung: *think of doing something* (nicht *think to do*) |
| You're leaving already? | Sie wollen schon gehen? | |
| I was about to leave, too. | Ich wollte auch gerade gehen. | |
| Can I join you? | Darf ich mich anschließen? | |
| I'm going your way, too. | Ich gehe in dieselbe Richtung. | |
| We could share a taxi. | Wir könnten uns ein Taxi teilen. | |
| It was really nice meeting you. | Es war wirklich schön, Sie kennenzulernen. | |
| I'd love to see you again. | Ich würde dich sehr gern wieder sehen. | |
| Shall we have dinner together one evening, tomorrow maybe? | Sollen wir mal abends zusammen essen gehen, morgen vielleicht? | |
| Do you fancy going to that new movie? | Hättest du Lust, diesen neuen Film zu sehen? | |
| What time would suit you? | Welche Uhrzeit würde dir passen? | |
| Would you like me to pick you up? | Soll ich dich abholen? | |

> **Gut zu wissen!**
> Es ist in den englischsprachigen Ländern nicht schwer, Kontakte zu knüpfen und durchaus üblich, eine fremde Person anzusprechen. Wenn man den ersten Kontakt hergestellt hat, gelten die Regeln des Smalltalks: unverfängliche Themen, offene Fragen, Komplimente, usw. Welche Themen meidet man besser? Politik, Religion, …

# D

**Sich näher kennenlernen**

## 13 What do you do? Über den Beruf sprechen

| | |
|---|---|
| What do you do (for a living)? | Was machen Sie beruflich? |
| What's your job? | Was für eine Arbeit haben Sie? |
| I'm a nurse. | Ich bin *Krankenpfleger / Krankenschwester*. |
| I work as a designer. | Ich arbeite als Designer(in). |
| I'm in the computer business. | Ich bin *in der Computerbranche / im Computergeschäft*. |
| I'm in the chemicals industry. | Ich bin in der Chemieindustrie. |
| I work for an insurance company. | Ich arbeite bei einer Versicherungsgesellschaft. |
| *I work for / I'm with* a company called … | *Ich arbeite / Ich bin* bei einem Unternehmen namens … |
| I'm *in marketing / in the accounts department*. | Ich bin *im Marketing / in der Buchhaltung*. |
| I'm responsible for … | Ich bin verantwortlich für … |
| I'm in charge of … | Ich *betreue / leite* … |
| I'm self-employed. | Ich bin *selbstständig / freiberuflich tätig*. |
| I have my own business. | Ich habe meine eigene Firma. |
| I work *full-time / part-time*. | Ich arbeite *Vollzeit / Teilzeit*. |
| I have a part-time job. | Ich habe eine Teilzeitstelle. |
| I'm still training. | Ich bin noch in der Ausbildung. |
| I'm doing *an apprenticeship / a traineeship*. | Ich mache eine Berufsausbildung. |

*What's your job?* ist einen Tick direkter.

Berufsbezeichnungen verwendet man im Englischen mit *a* bzw. *an*: *I'm a nurse* und nicht ~~I'm nurse~~.

Berufsbezeichnungen sind oft schwer zu übersetzen. Deshalb bieten sich Umschreibungen wie *I'm in … an*.

*Apprenticeship* bezieht sich meist auf handwerkliche Berufe.

| | |
|---|---|
| I'm doing work experience with a design studio. | Ich mache ein Praktikum bei einem Designstudio. |
| I'm doing an internship in a bank. | Ich mache ein Volontariat bei einer Bank. |
| I was *out of work / unemployed* for six months. | Ich war sechs Monate arbeitslos. |
| I'm between jobs. | Ich bin auf Arbeitssuche. |
| I'm retired. | Ich bin im Ruhestand. |
| I'm at home *with the kids / looking after my mother*. | Ich bin zu Hause *bei den Kindern / und pflege meine Mutter*. |
| Do you like your job? | Mögen Sie Ihre Arbeit? |
| Is it a good *company / organization* to work for? | Ist es eine gute *Firma / Organisation*? |
| I enjoy working there. | Ich arbeite gern dort. |
| It's demanding. | Es fordert mich. |
| It's *challenging / very satisfying*. | Es ist *eine Herausforderung / sehr befriedigend*. |
| The pay could be better of course. | Die Bezahlung könnte natürlich besser sein. |
| It's *pretty / very* stressful. | Es ist *ziemlich / sehr* stressig. |
| I do a lot of overtime. | Ich mache viele Überstunden. |
| Too much work and too few people. | Zu viel Arbeit und nicht genug Leute. |
| Overworked and underpaid. | Überarbeitet und unterbezahlt. |
| They're constantly restructuring. | Ständig sind sie am Umstrukturieren. |
| You have to be thankful to have a job at all. | Man muss dankbar sein, dass man überhaupt eine Arbeit hat. |

**Gut zu wissen!**
Erzählen Sie nie, wie viel Sie verdienen und fragen Sie auch Ihren Gesprächspartner nicht danach. Das gehört nicht gerade zum guten Ton.

# D

## Sich näher kennenlernen

## 14 I grew up in the east
### Familie und Werdegang

| I was born and grew up in the east (of Germany). | Ich bin im Osten (Deutschlands) geboren und aufgewachsen. |
| --- | --- |
| I went to school in Dresden. | Ich bin in Dresden zur Schule gegangen. |
| I moved to Munich with my parents. | Ich bin mit meinen Eltern nach München gezogen. |
| My parents *separated / got divorced* when I was four. | Meine Eltern *haben sich getrennt / ließen sich scheiden*, als ich vier war. |
| I left school at 18. | Mit 18 war ich mit der Schule fertig. |
| I left after Year 10. | Ich bin nach der 10. Klasse abgegangen. |
| I *had to do / didn't have to do* military service. | Ich *musste / musste nicht* zum Wehrdienst. |
| I did civilan service instead of military service. | Ich habe statt Wehrdienst Zivildienst gemacht. |
| I qualified as a tax consultant. | Ich habe einen Abschluss als Steuerberater gemacht. |
| After I qualified, I worked in Munich for two years. | Nach der Berufsausbildung habe ich zwei Jahre in München gearbeitet. |
| I re-trained as a physiotherapist. | Ich habe auf Physiotherapeut(in) umgeschult. |
| I changed jobs. | Ich habe die Stelle gewechselt. |
| I don't have any brothers and sisters. | Ich habe keine Geschwister. |

In den USA und im UK ist Zivildienst ein unbekanntes Konzept, das man am besten noch erklärt: *This means I did paid community service for nine months.*

Mehr zu Ausbildung und Beruf finden Sie in Kapitel 13.

| | | |
|---|---|---|
| My *older / elder* sister lives in the States. | Meine ältere Schwester lebt in den Staaten. | *elder / eldest* wird nur in Bezug auf Familienmitglieder verwendet und nur vor einem Nomen. |
| Actually she's my half-sister. | Sie ist eigentlich meine Halbschwester. | |
| My mum remarried. | Meine Mama hat wieder geheiratet. | |
| We fell in love. It was love at first sight. | Wir haben uns verliebt. Es war Liebe auf den ersten Blick. | |
| We're (not) married. | Wir sind (nicht) verheiratet. | |
| We've been together *for six years / since 2012*. | Wir sind *seit sechs Jahren / seit 2012* zusammen. | *for* und *since* + Zeitbestimmung im Present Perfect |
| We didn't want to *tie the knot / get hitched*. | Wir wollten nicht heiraten. | *for* = Angabe des Zeitraums (Dauer) |
| I split up with Ben. | Ich habe mich von Ben getrennt. | *since* = Angabe des Anfangspunkts |
| We split up. | Wir haben uns getrennt. | |
| The relationship ended. | Die Beziehung war zu Ende. | |
| *The relationship / The marriage* broke up. | *Die Beziehung / Die Ehe* ist auseinandergegangen. | |
| *My ex-wife / My ex-husband* and I still get on. | *Meine Ex-Frau / Mein Ex-Mann* und ich verstehen uns immer noch. | |
| I had a sort of mid-life crisis. | Ich hatte eine Art Midlife-Crisis. | |
| I don't have any *children / kids*. | Ich habe keine Kinder. | |
| I have *a daughter / a son* (from a previous marriage). *She / He* lives with *her / his* mother. | Ich habe *eine Tochter / einen Sohn* (aus einer früheren Ehe). *Sie / Er* lebt bei der Mutter. | |

> **Gut zu wissen!**
> Schulformen und -abschlüsse in Großbritannien und den USA sind mit hiesigen nicht leicht zu vergleichen. Am besten sagen Sie, in welchem Alter Sie abgegangen sind und was Sie anschließend gemacht haben.

# D

**Sich näher kennenlernen**

## 15 I have a pretty hectic lifestyle
### Alltag und Routine

| | |
|---|---|
| Life is good. There's always something going on. | Alles läuft gut. Es ist immer etwas los. |
| Life is pretty busy. | Ich bin immer ziemlich beschäftigt. |
| I have a pretty hectic lifestyle. | Ich führe ein ziemlich hektisches Leben. |
| I'm always on the go. | Ich habe immer etwas zu tun. |
| I'm pretty stressed out. | Ich habe ziemlich viel Stress. |
| Most of the time I have things (more or less) under control. | Die meiste Zeit habe ich alles (mehr oder weniger) unter Kontrolle. |
| I *get / wake* up early and go to bed late. | Ich *stehe / wache* früh auf und gehe spät ins Bett. |
| It's always quite a rush in the mornings. | Morgens geht es immer ziemlich hektisch zu. |
| I like to take my time in the mornings. | Morgens lasse ich es gern langsam angehen. |
| I have a long commute. | Ich habe einen langen Arbeitsweg. |
| It takes me an hour and a half to get to work. | Ich brauche anderthalb Stunden zur Arbeit. |
| I take the kids *to the childminder / to the play-group*. | Ich bringe die Kinder *zur Tagesmutter / in den Kindergarten*. |
| I leave home early to avoid the traffic. | Ich fahre früh von zu Hause los, um den Verkehr zu vermeiden. |
| The train's usually *full / late*. | Der Zug ist meist *voll / verspätet*. |

„Ich brauche" wird nicht mit ~~I need~~ wiedergegeben. Es gibt zwei Konstruktionen:
*It takes me ... (to do something).*
*The journey ... takes (me) ...*

the train's = the train is

| | |
|---|---|
| I usually have lunch *in the canteen / at my desk / in the office*. | Ich esse gewöhnlich *in der Kantine / am Schreibtisch / im Büro* zu Mittag. |
| I usually just have a sandwich for lunch. | Mittags esse ich meist nur ein Butterbrot. |
| I try to get out of the office at lunchtime, but I don't always make it. | Mittags versuche ich aus dem Büro rauszukommen, aber ich schaffe es nicht immer. |
| I often don't get home till late. | Oft komme ich erst spät nach Hause. |
| I don't have much time to myself. | Ich habe nicht viel Zeit für mich. |
| After we've *put the kids to bed / eaten* there isn't much of the evening left. | Nachdem wir *die Kinder ins Bett gebracht / gegessen* haben, bleibt vom Abend nicht mehr viel übrig. |
| We often just collapse in front of the TV. | Oft hocken wir uns nur noch vor den Fernseher. |
| We maybe watch a movie. | Wir sehen uns vielleicht einen Film an. |
| I don't go out much in the week. | Unter der Woche gehe ich nicht oft weg. |
| I go *to the gym / to a yoga class* once a week. | Ich gehe einmal die Woche *ins Fitness-Studio / zum Yoga*. |
| I joined a running group last year. | Ich bin letztes Jahr einer Laufgruppe beigetreten. |
| I took up salsa dancing. | Ich habe mit Salsatanzen angefangen. |
| Saturday is shopping, chores, and so on. | Am Samstag steht Einkauf, Haushalt und so weiter an. |

> **Gut zu wissen!**
> Interesse an etwas kann man unterschiedlich ausdrücken: *I'm interested in / I'm keen on / I'm into ...* Nicht-Interesse können Sie mit *I'm not into ... at all. / ... is really not my thing.* äußern.

# D

### Sich näher kennenlernen

## 16 What's she like? Personen beschreiben

**Fragewort beachten:** *What?*, nicht ~~*How?*~~

| | |
|---|---|
| What's *he / she* like? | Wie ist *er / sie* denn so? |
| What does *he / she* look like? | Wie sieht *er / sie* aus? |
| She's *tall / short / (of) medium height*. | Sie ist *groß / klein / mittelgroß*. |
| He's *slim / well-built*. | Er ist *schlank / kräftig (gebaut)*. |

**Übergewicht haben =** *be overweight*, nicht ~~*have overweight*~~

| | |
|---|---|
| She's a little (bit) overweight. | Sie ist etwas füllig. |
| She's *attractive / good-looking / pretty / beautiful*. | Sie ist *attraktiv / gut aussehend / hübsch / schön*. |

**Männer können** *handsome* **sein,** aber nicht *pretty* oder *beautiful*.

| | |
|---|---|
| He's *attractive / good-looking / handsome*. | Er ist *attraktiv / gut aussehend / gut aussehend*. |
| He's in his *twenties / mid-twenties*. | Er ist *in den Zwanzigern / Mitte zwanzig*. |
| She's *over 30 / thirty-something*. | Sie ist *über 30 / irgendwo in den Dreißigern*. |
| He's getting on a bit. | Er ist nicht mehr der Jüngste. |
| He's *middle-aged / (well) past middle age*. | Er ist *mittleren Alters / schon älter*. |

**Vorsicht: Sehr umgangssprachlich!**

| | |
|---|---|
| She's no spring chicken. | Sie ist auch nicht mehr ganz jung. |
| She has *blue / green / brown* eyes. | Sie hat *blaue / grüne / braune* Augen. |

*Hair* **verwendet man nur im Singular:** *His hair is dark.* (Seine Haare sind dunkel.)

| | |
|---|---|
| She has *long / short / medium-length / straight / curly* hair. | Sie hat *lange / kurze / mittellange / glatte / lockige* Haare. |
| She's a *blond / brunette*. | Sie ist *blond / brünett*. |
| He has *dark / brown / grey / red* hair. | Er hat *dunkle / braune / graue / rote* Haare. |
| He has a *moustache / beard*. | Er hat einen *Schnurrbart / Bart*. |

| | | |
|---|---|---|
| He wears glasses. | Er trägt eine Brille. | die Brille = *glasses* (Plural), niemals: ~~glas~~ |
| She has a ponytail. | Sie hat einen Pferdeschwanz. | |
| She's always *smartly / stylishly* dressed. | Sie ist immer *gut / schick* angezogen. | Vergessen Sie das *-ly* bei Adverbien nicht, also immer wenn Sie Eigenschaften oder Tätigkeiten näher beschreiben. |
| He's not much bothered about how he looks. | Ihm ist sein Aussehen ziemlich egal. | |
| They're usually quite casually dressed. | Sie sind immer ziemlich leger gekleidet. | |
| He's a bit scruffy. | Er ist ein wenig ungepflegt. | |
| He's a really nice guy. | Er ist ein richtig netter Kerl. | |
| She's very pleasant. | Sie ist sehr angenehm. | |
| He's *a bit shy / a bit of a loner*. | Er ist *etwas schüchtern / eher ein Einzelgänger*. | |
| She's very outgoing. | Sie ist sehr kontaktfreudig. | |
| He knows everyone and anyone. | Er kennt Gott und die Welt. | |
| She always seems on top of the world. | Sie ist immer in Topform. | |

> **Gut zu wissen!**
> Hier lauern Fettnäpfchen bei Personenbeschreibungen:
> *Big* bedeutet „stämmig", „kräftig" und sollte besser vermieden werden. Ebenso *small*, weil es Anklänge von „schmächtig" hat.
> *Thin* (dünn) und vor allem *fat* (dick) sind unbedingt zu vermeiden. Statt *overweight* kann man bei Frauen auch *plump* (mollig) sagen.
> Mit *a little* (oder *a little bit* bzw. *a bit*) kann man eine Aussage schön abschwächen und weniger direkt erscheinen lassen.
> Es gibt sehr viele umgangssprachliche Ausdrücke für „gut aussehend", z. B.: *she's a real looker* (sie sieht toll aus) oder *he's / she's a dish* (er / sie sieht zum Anbeißen aus). Vorsicht ist bei evtl. beleidigenden Äußerungen wie *he's a nerd* (er ist ein Schwachkopf) oder *she's a bimbo* (sie ist eine dämliche Tussi) geboten.

# E
Einladungen und Verabredungen

## 17 Would you like to meet up for a drink?
Einladungen

| | |
|---|---|
| Are you free this evening? | Haben Sie heute Abend Zeit? |
| Are you doing anything tomorrow? | Hast du morgen schon etwas vor? |
| Do you have any plans for the weekend? | Hast du am Wochenende schon etwas vor? |
| I'm going to be in town next week, and I wondered if we *could / might* meet up. | Ich bin nächste Woche in der Stadt und wollte fragen, ob wir uns treffen könnten. |
| Why don't we have dinner together? | Wir könnten abends mal zusammen essen. |
| Would you like to meet up for a drink? | Möchten Sie etwas trinken gehen? |
| We're having a barbecue. | Wir wollen grillen. |
| Do you want to come along? | Willst du mitkommen? |
| We're having a few people round for a drink. | Wir haben ein paar Leute auf einen Drink eingeladen. |
| We're having a party. | Wir feiern eine Party. |
| What's the occasion? | Was ist der Anlass? |
| Nothing special. | Nichts Besonderes. |
| It's my birthday. | Ich habe Geburtstag. |
| *You're / You'd be* very welcome (to join us). | Sie sind herzlich willkommen. |
| You can drop by any time. | Du kannst jederzeit vorbeischauen. |
| It would be great if you could come. | Es wäre toll, wenn du kommen könntest. |
| We'd be *delighted / very pleased* if you could come. | Es würde uns sehr freuen, wenn Sie kommen könnten. |

*Might* ist etwas zurückhaltender als *could*.

Sagen Sie niemals: ~~We're grilling.~~

| | |
|---|---|
| That's very kind of you. | Das ist sehr nett von Ihnen. |
| I'd love *to / that*. | Sehr gerne. |
| What a nice idea. | Was für eine nette Idee. |
| That would be *lovely / great / super*. | Das wäre *sehr schön / toll / super*. |
| Thank you very much, but … | Vielen Dank, aber … |
| *I'm afraid / Unfortunately* … | Leider … |
| I don't think I can make it. | Ich schaffe es leider nicht. |
| I'll have to *check my diary / check with my wife*. | Ich muss mal *in meinem Kalender nachsehen / bei meiner Frau nachfragen*. |
| I think we have something on. | Ich glaube, wir haben da schon etwas vor. |
| We're going away. | Wir sind verreist. |
| I'll be out of town. | Da bin ich woanders. |
| I'm busy. | Ich bin beschäftigt. |
| I already have another *commitment / appointment*. | Ich habe bereits eine andere *Verpflichtung / Verabredung*. |
| That's a pity. | Schade. |
| How about Sunday instead? | Wie wäre es stattdessen mit Sonntag? |
| Another time *maybe / perhaps*. | Vielleicht ein anderes Mal. |
| *No problem. / No worries.* | Kein Problem. |

*I'm afraid* = leider
*(to) be afraid* = Angst haben, sich fürchten

> **Gut zu wissen!**
> Bei Einladungen besteht die Kunst darin, zu erkennen, wann eine Einladung ernst gemeint ist und wann sie nur höflichkeitshalber ausgesprochen wird. Ist ein konkreter Anlass genannt, so kann man Ersteres annehmen. Eine vage Einladung vorbeizuschauen, wenn man (mal zufällig) in Texas ist, kann man aber getrost als Höflichkeitsfloskel verbuchen.

# E
## Einladungen und Verabredungen

## 18 When would suit you best?
## Wann und wo?

| What day? | An welchem Tag? |
|---|---|
| What time? | Zu welcher Uhrzeit? |
| When would suit you best? | Wann würde es Ihnen am besten passen? |
| What time would be OK? | Welche Zeit wäre für Sie in Ordnung? |
| *How / What* about eight? | Wie wäre es um acht? |
| Eight a.m. or eight p.m.? | Acht Uhr morgens oder acht Uhr abends? |
| Eight o'clock in the morning or in the evening? | Acht Uhr morgens oder abends? |
| Three o'clock in the afternoon. | *Drei Uhr nachmittags. / 15 Uhr.* |
| At seven thirty. | Um 7 Uhr 30 / 19 Uhr 30. |
| At half (past) seven. | Um halb acht. |
| About six. | Gegen sechs. |
| Just *before / after* eight. | Kurz *vor / nach* acht. |
| (About) eightish. | So gegen acht. |
| Somewhere around eight. | So um acht Uhr herum. |
| How does that sound? | Wie klingt das? |
| What would be most convenient for you? | Was würde Ihnen am besten passen? |
| *Any time / Any day / Any evening* suits me. | Egal *welche Zeit / welcher Tag / welcher Abend.* |
| I'm easy. | Ich bin flexibel. |
| You *choose / decide.* | *Wählen / Entscheiden* Sie. |
| It makes no difference to me. | Mir ist es *gleich / egal.* |

*a.m. = ante meridiem* (vor Mittag)
*p.m. = post meridiem* (nach Mittag)
*a.m.* und *p.m.* werden nicht mit *o'clock* verwendet: ~~eight o'clock a.m. / p.m.~~

*half (past) seven* = halb acht (Bezug zur vergangenen Stunde im Englischen!)

| | |
|---|---|
| Whenever it suits you. | Wann immer es Ihnen passt. |
| As you like. | Wie du willst. |
| Sorry, I'm afraid I can't make that. | Tut mir leid, das schaffe ich leider nicht. |
| Could we make it a quarter of an hour *earlier / later*? | Ginge eine Viertelstunde *früher / später*? |
| Can we say 7.15 instead of 7? | Ginge 7 Uhr 15 statt 7 Uhr? |
| That'll be a bit tight. | Das wird ein bisschen knapp. |
| I'd prefer a bit later. | Mir wäre es etwas später lieber. |
| Shall I come and pick you up? | Soll ich Sie abholen kommen? |
| Where do you suggest we meet up? | Wo schlagen Sie vor, dass wir uns treffen? |
| OK, so it's Sunday at 8.15 outside the station. | Gut, dann also am Sonntag um 8 Uhr 15 vor dem Bahnhof. |
| Just to confirm, that's 7 p.m. at your hotel. | Um das kurz zu bestätigen, 19 Uhr bei Ihrem Hotel. |
| If there are any problems … | Wenn es irgendwelche Probleme gibt, … |
| I'll *text you / send you a text*. | Ich *simse dir / schicke dir eine SMS*. |
| Just give me a quick call. | Rufen Sie einfach kurz an. |
| Just give me a buzz. | Klingle kurz durch. |
| Can you give me your number just in case? | Geben Sie mir Ihre Nummer für alle Fälle? |
| That's fine. | Gut. |
| That sounds perfect. | Das klingt sehr gut. |
| Great, I'm looking forward to that. | Super, ich freue mich darauf. |

> **Gut zu wissen!**
> Das Datum kann unterschiedlich angegeben werden:
> *(on) the seventeenth of March / (on) March the seventeenth / March seventeenth* (besonders AE)

# E

**Einladungen und Verabredungen**

## 19 Please come in
## Zu Gast sein

| | |
|---|---|
| Hello, *great / lovely* to see you. | Hallo, schön Sie zu sehen. |
| Please come in. | Kommen Sie doch herein. |
| Come in out of *the rain / the cold*. | Kommen Sie doch herein bei *dem Regen / der Kälte*. |
| You found us OK, then? | Sie haben uns also gut gefunden. |
| I'm sorry we're a bit late. | Es tut mir leid, dass wir uns ein bisschen verspätet haben. |
| There was a problem with the underground. | Es gab ein Problem mit der U-Bahn. |
| We had to wait twenty minutes for the *bus / train*. | Wir mussten zwanzig Minuten auf den *Bus / Zug* warten. |
| We parked outside your neighbours' house. I hope that's OK. | Wir haben vor dem Haus Ihrer Nachbarn geparkt. Ich hoffe, das ist in Ordnung. |
| Let me take your coat. | Darf ich Ihnen den Mantel abnehmen? |
| Just drop your stuff on the chair. | Lass deine Sachen einfach auf dem Stuhl. |
| By the way, *the bathroom / the toilet* is … | *Das Bad / Die Toilette* ist übrigens … |
| … along here on the *left / right*. | … hier *links / rechts*. |
| … upstairs and to your *left / right*. | … die Treppe hoch und *links / rechts*. |
| If you want to wash your hands … | Falls Sie sich kurz frisch machen wollen … |

AE = *neighbor*

Den Weg zur Toilette erfragt man am unverfänglichsten mit: *Excuse me, where is the bathroom?*

| | |
|---|---|
| We've brought you a little something. | Wir haben Ihnen eine Kleinigkeit mitgebracht. |
| Here's something for the buffet. | Hier ist etwas für das Buffet. |
| We brought a bottle of wine. | Wir haben eine Flasche Wein mitgebracht. |
| Thank you very much, but you shouldn't have. | Danke sehr, das wäre aber wirklich nicht nötig gewesen. |
| I'll *show you / lead* the way. | Folgen Sie mir. |
| Just follow the sound of the music. | Einfach der Musik nach. |
| Please have a seat. | Nehmen Sie doch Platz. |
| Just find yourself somewhere to sit. | Such dir einfach ein Plätzchen. |
| Make yourselves at home. | Fühlen Sie sich wie zu Hause. |
| What would you like to drink? | Was möchtest du trinken? |
| Help yourselves to food and drink. | Nehmen Sie sich einfach etwas zu essen und zu trinken. |
| Grab yourself something to drink. | Schnapp dir was zu trinken. |
| Can I *offer / get* you something to drink? | Kann ich Ihnen etwas zu trinken *anbieten / holen*? |
| I'll have some red wine, please. | Ich nehme bitte etwas Rotwein. |
| Better not, I'm driving. | Lieber nicht, ich fahre. |
| Something non-alcoholic, please. | Etwas ohne Alkohol, bitte. |

*yourself* = dir / dich; sich (Höflichkeitsform im Singular)
*yourselves* = euch; sich (Höflichkeitsform im Plural)

Verwenden Sie bei spontanen Entscheidungen *I'll* (Kurzform von *I will*). Nicht: *I have / I take …*

> **Gut zu wissen!**
> Als Mitbringsel eignen sich, wie fast überall, Wein, Pralinen und Blumen (aber keine rote Rosen!). Blumen überreicht man durchaus in der Folie.
> Achtung: In den USA und Großbritannien gibt es eine große muslimische und hinduistische Minderheit – hier eignet sich Alkohol nicht unbedingt.

# E
## Einladungen und Verabredungen

**20  I really have to go**
**Der passende Abschied**

| | |
|---|---|
| Oh dear, is that the time? | O je, ist es schon so spät? |
| I've lost all track of the time. | Ich habe die Zeit völlig aus den Augen verloren. |
| Surely it can't be that late already? | Es kann doch nicht schon so spät sein? |
| You must excuse me, but … | Sie müssen mich entschuldigen, aber … |
| It's time for me … | Es wird Zeit, dass ich mich … |
| … to say goodbye. | … verabschiede. |
| … to *make my way / be on my way / make a move*. | … auf den Weg mache. |
| … to get *going / moving*. | … aufmache. |
| I really *must be going / have to go*. | Ich muss jetzt wirklich gehen. |
| I have (to make) an early start tomorrow. | Morgen muss ich früh raus. |
| We have quite a way to go. | Wir haben es ziemlich weit. |
| I have to get back because … | Ich muss zurück, weil … |
| Thomas isn't feeling well. | Thomas geht es nicht gut. |
| Rachel has a bit of a headache. | Rachel hat etwas Kopfschmerzen. |
| Can I give anyone (else) a lift? | Kann ich (noch) jemanden mitnehmen? |
| We can *see / let* ourselves out. | Wir finden schon raus. |
| That's a pity. | Das ist aber schade. |
| Do you really have to *go / leave* now? | Müssen Sie wirklich schon gehen? |

Niemals: ~~Thomas feels not well.~~

| | |
|---|---|
| You must come again. | Du musst bald wieder kommen. |
| I'm so glad you could come. | Ich freue mich sehr, dass Sie kommen konnten. |
| It's been great having you. | Schön, dass du da warst. |
| We must do this again. | Das müssen wir wieder machen. |
| Can I tempt you with one last …? | Kann ich Sie noch zu *einem / einer* letzten … überreden? |
| One for the road? | Noch ein letztes Schlückchen? |
| How about a nightcap before you go? | Wie wäre es mit einem Absacker, bevor du gehst? |
| No, I'm afraid I've really had enough. | Nein, ich hatte wirklich schon genug. |
| Well, if you ask me like that, I can't really say no, can I? | Wenn Sie mich so fragen, kann ich wirklich nicht nein sagen, oder? |
| We've really enjoyed ourselves. | Wir haben uns prächtig amüsiert. |
| We've had a fantastic time. | Es war einfach super. |
| Thank you for a wonderful evening. It's been great. | Danke für einen wunderbaren Abend. Es war toll. |
| The food was *fantastic / delicious*. | Das Essen war *fantastisch / köstlich*. |
| You must let me have the recipe. | Sie müssen mir das Rezept geben. |
| Next time you must come and see us. | Das nächste Mal kommen Sie zu uns. |
| Next time at our place, OK? | Das nächste Mal bei uns, o.k.? |

Denken Sie daran die *-self-* bzw. *-selves-* Formen bei rückbezüglichen Pronomen zu verwenden. Auf keinen Fall geht: ~~We've enjoyed us.~~

> **Gut zu wissen!**
> Das Abschiednehmen ist ein spielerisches Ritual, das man als Gast oder Gastgeber (fast) so lange ausdehnen kann, wie man will. Kurz und schmerzlos ist aber auch in Ordnung!

# F
## Gute und schlechte Nachrichten

## 21 Congratulations! Gute Nachrichten und Glückwünsche

*News* ist unveränderlich:
*I have some news.*
Nicht: ~~I have a new~~.
*The news is good.*
(Die Nachricht ist / Die Nachrichten sind gut.)
Eine einzelne Nachricht ist *a piece of news* (+ Verb im Singular).

| | |
|---|---|
| I have *some good news / a piece of good news*. | Ich habe *gute Nachrichten / eine gute Nachricht*. |
| I have something to tell you. | Ich muss dir was erzählen. |
| You'll never guess what's happened. | Hast du schon gehört, was passiert ist? |
| Something *amazing / fantastic* has just happened. | Etwas *Tolles / Fantastisches* ist gerade passiert. |
| I've had *some luck / a stroke of luck*. | Ich habe wirklich Glück gehabt. |
| I can't wait to tell you. | Ich kann kaum erwarten, es dir zu erzählen. |
| I've been offered the job. | Man hat mir die Stelle angeboten. |
| I've got (a) promotion. | Ich bin befördert worden. |
| I've been given a *pay rise / bonus*. | Ich habe eine *Gehaltserhöhung / Prämie* bekommen. |
| I've passed my exam. | Ich habe meine Prüfung bestanden. |
| I've met someone new. | Ich habe jemanden kennengelernt. |
| Ron and I are moving in together. | Ron und ich ziehen zusammen. |
| We are engaged. | Wir haben uns verlobt. |
| We're getting married. | Wir heiraten. |
| We're expecting a baby. | Wir erwarten ein Kind. |
| I can't tell you how *happy / pleased / relieved* I am. | Ich kann dir gar nicht sagen, wie *glücklich / froh / erleichtert* ich bin. |

| | |
|---|---|
| My dream has come true at last. | Mein Traum ist endlich wahr geworden. |
| If that's not good news, I don't know what is. | Wenn das keine guten Nachrichten sind. |
| Congratulations! | Herzlichen Glückwunsch! |
| Well done! | *Gut gemacht! / Herzlichen Glückwunsch!* |
| I'm so *pleased / happy* (for you). | Ich freue mich so (für dich). |
| That's *great / wonderful / fantastic* news. | Das sind ja *großartige / wunderbare / fantastische* Nachrichten. |
| My very best wishes. | Ganz herzliche Glückwünsche. |
| I know how much this means to you. | Ich weiß, wie viel dir das bedeutet. |
| Good luck! | Viel Glück! |
| I wish you every success. | Ich wünsche Ihnen viel Erfolg. |
| It's my birthday. | Ich habe Geburtstag. |
| It's our wedding anniversary. | Wir haben Hochzeitstag. |
| Happy birthday! | Herzlichen Glückwunsch zum Geburtstag! |
| Happy anniversary! | Herzlichen Glückwunsch zum *Jubiläum / Hochzeitstag / Jahrestag*! |
| Congratulations! | Herzlichen Glückwunsch! |
| Merry Christmas! | Frohe Weihnachten! |
| Happy New Year! | Ein gutes neues Jahr! |
| Happy Easter! | Frohe Ostern! |

Nicht:
~~I have birthday.~~ /
~~We have anniversary.~~

> **Gut zu wissen!**
> Zum Geburtstag sagt man nicht *Congratulations*, sondern *Happy birthday!* Man schüttelt in der Regel auch nicht die Hand. Ein „runder" Geburtstag ist übrigens *a big birthday*.

# F
## Gute und schlechte Nachrichten

## 22 I'm sorry to hear that
### Schlechte Nachrichten und Anteilnahme

| | |
|---|---|
| I'm afraid I have some *bad / sad* news. | Ich habe leider *schlechte / traurige* Nachrichten. |
| Something awful has happened. | Etwas Schreckliches ist passiert. |
| What I'm going to tell you will … | Das, was ich Ihnen gleich sagen werde, wird … |
| … upset you. | … ein Schock für Sie sein. |
| … *annoy / disappoint* you. | … Sie *verärgern / enttäuschen*. |
| I don't know how to say this, but … | Ich weiß kaum, wie ich es sagen soll, aber … |
| You're not going to like this, but … | Es wird Ihnen nicht gefallen, aber … |
| The worst possible thing has happened. | Das Allerschlimmste ist eingetreten. |
| The shit has hit the fan. | Die Kacke ist am Dampfen. |
| Amy has had an accident. | Amy hatte einen Unfall. |
| Ronald is in hospital. | Ronald liegt im Krankenhaus. |
| Toby has got cancer. | Toby hat Krebs. |
| Michael is dead. | Michael ist tot. |
| He has suddenly died of a heart attack. | Er ist plötzlich an einem Herzinfarkt gestorben. |
| Sheila has been mugged. | Sheila ist überfallen worden. |
| Mervyn has lost his job. | Mervyn hat seinen Job verloren. |
| I've been made redundant. | Ich bin entlassen worden. |
| *Oh no! / Oh dear.* | *(O) Nein! / O je!* |

Vorsicht: Sehr vulgär!

AE = *in the hospital*

| | | |
|---|---|---|
| Never mind. | Nicht so schlimm. | |
| It's not the end of the world. | Davon geht die Welt nicht unter. | |
| It could have been worse. | Es hätte schlimmer kommen können. | Vorsicht! Das kann auch leicht sarkastisch klingen. |
| Don't let it get you down. | Lass dich davon nicht unterkriegen. | |
| I'm so sorry. | Es tut mir so leid. | Möglich ist auch *awfully / terribly / really sorry* (steigerbar bis *I'm really so awfully / terribly sorry*). |
| That's *terrible / awful*. | Das ist ja *schrecklich / fürchterlich*. | |
| You must be going through hell. | Das muss für dich gerade die Hölle sein. | |
| This must be a very difficult time for you. | Das muss eine sehr schwere Zeit für Sie sein. | |
| Is there anything I can do (to help)? | Gibt es irgendetwas, was ich tun kann? | |
| I'm thinking of you at this difficult time. | Ich denke an dich in dieser schwierigen Zeit. | |
| We send our love. | Wir senden ganz liebe Grüße. | |
| Get well soon! | Gute Besserung! | |
| Give Simon my best wishes for a speedy recovery. | Bestell Simon von mir die besten Wünsche für eine schnelle Genesung. | Recht förmliche Art Genesungswünsche zu übermitteln. |
| Please accept my (sincere) condolences. | Mein (herzliches) Beileid. | |
| I would like to offer my (sincere) condolences. | Ich möchte mein (herzliches) Beileid ausdrücken. | |

> **Gut zu wissen!**
> Auch wenn die Medien von schlechten Nachrichten bestimmt werden und vieles ganz schnell zur Tragödie hochstilisiert wird, bleiben viele Briten im Privaten auch angesichts schlimmer Ereignisse beim Understatement – die berühmte *stiff upper lip* (die „steife" Oberlippe, die keine Gefühle verrät).

# F
## Gute und schlechte Nachrichten

**23 Have you heard the joke about …?**
Lustige Anekdoten und Witze

| | |
|---|---|
| Did I ever tell you what happened to me in Toronto? | Habe ich dir jemals erzählt, was mir in Toronto passiert ist? |
| *The most amazing / The weirdest thing happened to me.* | Mir ist etwas ganz Verrücktes passiert. |
| That reminds me of something which happened to me. | Das erinnert mich an etwas, das mir mal passiert ist. |
| You'll never believe this. | Das glaubst du nie. |
| Just wait till you hear what happened next. | Warte, bis du hörst, was als Nächstes passiert ist. |
| But I swear it's true. | Aber ich schwöre, es ist wahr. |
| *First / At the beginning / To start with …* | *Zuerst / Am Anfang / Zu Anfang …* |
| After that … | Danach … |
| Then … | Dann … |
| Anyway, … | Jedenfalls … |
| *Eventually / In the end / Finally, …* | Schließlich … |
| And that was the end of it. | Und das war dann das Ende. |
| And that was that. | Und das war's dann. |
| I just couldn't believe it. | Ich konnte es einfach nicht glauben. |
| It was an incredible coincidence. | Es war ein unglaublicher Zufall. |
| I was so surprised. | Ich war so überrascht. |
| I didn't know what to say. | Ich wusste nicht, was ich sagen sollte. |

*You remind me of someone.* = Sie erinnern mich an jemanden.
*I remember you.* = Ich erinnere mich an Sie.

Die folgenden Wörter helfen Ihnen, eine Begebenheit Schritt für Schritt zu berichten.

**Falsche Freunde!**
*eventually* = schließlich, endlich, am Ende
*eventuell* = *maybe, perhaps*

| | |
|---|---|
| I was gobsmacked. | Ich war völlig baff. |
| It was so outrageous. | Es war zum Brüllen. |
| It was a hoot. | Es war zum Schreien. |
| We all just burst out laughing. | Wir bekamen einen Lachanfall. |
| I laughed until I cried. | Ich musste vor Lachen weinen. |
| It was so funny. | Es war so lustig. |
| Have you heard the joke about ...? | Kennen Sie den Witz über ...? |
| I bet you haven't heard this one before. | Ich wette, Sie haben diesen noch nicht gehört. |
| Well, it goes like this: ... | Nun, er geht so: ... |
| Have you got it? | Hast du ihn [= den Witz] verstanden? |
| I'm a bit slow on the uptake sometimes. | Manchmal bin ich im Kopf etwas langsam. |
| Oh now I get it. | Ach, jetzt hab ich's verstanden. |
| Is that really what he said? I don't believe you. | Hat er das wirklich gesagt? Ich glaube dir nicht. |
| Are you pulling my leg? | Nimmst du mich auf den Arm? |
| That's a good one! | Der ist echt gut. |
| I must remember that one. | Den muss ich mir merken. |
| I have a terrible memory for jokes. | Ich kann mir Witze ganz schlecht merken. |

*Outrageous* kann auch eine negative Bedeutung haben: *The price was outrageous.* (Der Preis war unverschämt.)

Ihren Unglauben können Sie auch mit *Pull the other one.* (in etwa: „Sonst noch was?") zum Ausdruck bringen.

> **Gut zu wissen!**
> Wenn man Witze und Geschichten erzählen will, sollte man sich vorher überlegen, ob sie beim Zuhörer gut ankommen, d. h. ob sie „zulässig" sind – und nicht etwa persönliche oder kulturelle Empfindlichkeiten berühren. Sonst tritt man leicht ins Fettnäpfchen. Besonders bei der gebildeten Mittelklasse sind sexistische oder anderweitig diskriminierende Witze sehr verpönt.

# F

## Gute und schlechte Nachrichten

**24** It was a disaster
Schlechte Erfahrungen

| | |
|---|---|
| It was one of those days, you know. | Das war so ein Tag, an dem einfach alles schiefgeht. |
| I've never had such *a terrible / an awful* journey. | Ich hatte noch nie so eine *schreckliche / furchtbare* Reise. |
| We were unlucky. | Wir hatten wirklich Pech. |
| Everything went wrong. | Alles ging schief. |
| It was a *catastrophe / disaster* … | Es war eine Katastrophe … |
| … from start to finish. | … von Anfang bis Ende. |
| … from the start. | … von Anfang an. |
| We were delayed. | Wir wurden aufgehalten. |
| The flight was cancelled. | Der Flug wurde annulliert. |
| We missed our connecting flight. | Wir haben unseren Anschlussflug verpasst. |
| We were stranded. | Wir hingen fest. |
| The weather was atrocious. | Das Wetter war grauenhaft. |
| The heating didn't work. | Die Heizung funktionierte nicht. |
| We lost our way. | Wir haben uns *verirrt / verfahren*. |
| There was a power cut. | Es gab einen Stromausfall. |
| The internet was down. | Das Internet fiel aus. |
| There was a strike. | Es wurde gestreikt. |
| I lost … | Ich habe … verloren. |
| … my wallet. | … meinen Geldbeutel / meine Brieftasche … |
| … my keys. | … meine Schlüssel … |
| The car broke down. | Das Auto blieb stehen. |

*be lucky* = Glück haben
*be unlucky* = Pech / kein Glück haben
*be happy / unhappy* = glücklich / unglücklich sein

AE = *billfold*

| | | |
|---|---|---|
| We had a breakdown. | Wir hatten eine Panne. | |
| We were stuck in a traffic jam. | Wir hingen im Stau fest. | |
| The train was 50 minutes late. | Der Zug hatte 50 Minuten Verspätung. | |
| There was nobody there to meet us. | Es war keiner da, um uns abzuholen. | |
| I felt such a *fool / moron*. | Ich kam mir so blöd vor. | |
| It was my fault. | Ich war schuld. | |
| It wasn't my fault at all. | Ich war überhaupt nicht schuld. | |
| There was nothing I could do about it. | Ich konnte nichts daran ändern. | |
| I tried everything but it was *all in vain / all to no avail*. | Ich habe alles versucht, aber es war alles umsonst. | |
| It was a complete balls-up. | Es war ein einziges Fiasko. | Vorsicht: etwas vulgär! |
| They were so unhelpful. | Sie waren absolut nicht hilfsbereit. | |
| Nobody knew a thing. | Keiner wusste was. | |
| They just couldn't care less. | Es war ihnen schnurzegal. | |
| I was so *annoyed / cheesed off / pissed off*. | Ich war so *verärgert / sauer / angepisst*. | Achtung bei *pissed off*: Nur im sehr vertrauten Umgang verwenden! |
| We were *exhausted / shattered*. | Wir waren *erschöpft / total k. o.* | |
| We were so glad it was all over. | Wir waren so froh, dass es endlich vorbei war. | |
| It was one of the worst experiences of my life. | Es war mit das Schlimmste, was ich je erlebt habe. | |
| I wouldn't even wish it on my worst enemy. | Ich würde es meinem ärgsten Feind nicht wünschen. | |

> **Gut zu wissen!**
> Auch wenn englische Muttersprachler gern Geschichten über Misslungenes hören und sich mit Vergnügen über Dinge beschweren, die nicht funktionieren (öffentliche Verkehrsmittel, die Vorgesetzten, ...), sollten Sie mit sehr persönlichen Angelegenheiten (Krankheit, Beziehungskrisen, ...) zurückhaltend sein.

# G

## Gefühle und Emotionen

## 25 I adore ice-cream
### Interesse und Desinteresse bekunden

Die in den folgenden Sätzen genannten Vorlieben können Sie natürlich beliebig mit Ihren Interessen austauschen. Achten Sie dabei vor allem auf den Gebrauch der Präpositionen!
*be interested in* = sich interessieren für

| | |
|---|---|
| I love the mountains. | Ich liebe die Berge. |
| I *like / enjoy* hiking. | Ich wandere gern. |
| I absolutely adore ice-cream. | Ich liebe Eis(creme). |
| I just can't resist chocolate. | Schokolade kann ich einfach nicht widerstehen. |
| I'm interested in history. | Ich interessiere mich für Geschichte. |
| I'm fond of animals. | Ich mag Tiere. |
| Martin is very keen on the theatre. | Martin ist Theaterfan. |
| Are you into football? | Machst du dir etwas aus Fußball? |
| I'm a great fan of Italian films. | Ich bin ein großer Fan italienischer Filme. |
| Simon is a golf enthusiast. | Simon ist begeisterter Golfer. |
| Raymond is a computer freak. | Raymond ist (ein) Computerfreak. |
| I'm *mad / crazy* about all things Scottish. | Ich bin verrückt nach allem, was schottisch ist. |
| I have a soft spot for Julia. | Ich habe eine Schwäche für Julia. |

Nicht nur bei Berufsangaben, sondern auch bei Gewohnheiten und Hobbys setzt man *a / an* ein: *He's a golfer.*

Wie bei den Vorlieben, gilt auch bei den Abneigungen: Sie lassen sich ganz einfach durch ihre persönlichen Ansichten ersetzen.

| | |
|---|---|
| I'm not really into sport. | Ich mache mir eigentlich nichts aus Sport. |
| I don't like talkshows. | Ich mag keine Talkshows. |
| I *hate / loathe* electronic music. | Ich *hasse Elektro-Musik / kann Elektro-Musik nicht ausstehen.* |

| | |
|---|---|
| I can't stand people who can't make up their mind. | Ich kann Leute, die sich nicht entscheiden können, nicht ausstehen. |
| Gardening is just not my thing. | Gartenarbeit ist einfach nicht mein Ding. |
| I don't think much of this author. | Ich halte nicht viel von diesem Autor. |
| Rowing is not everyone's cup of tea. | Rudern ist nicht jedermanns Sache. |
| I have no time for people like that. | Für solche Leute ist mir meine Zeit zu schade. |
| Rebecca doesn't take kindly to criticism. | Rebecca kann Kritik schlecht annehmen. |
| Tom is just not my type. | Tom ist einfach nicht mein Typ. |
| I don't mind. | Es macht mir nichts aus. |
| It's all the same to me. | Mir ist es gleich. |
| It doesn't make any difference. | Mir ist es einerlei. |
| I'm easy. | Egal was. |
| *I have no objection. / It doesn't bother me.* | Ich habe keine Einwände. |
| I couldn't care less. | Das ist mir schnurzegal. |
| I'm happy to go along with whatever you decide. | Ich richte mich ganz nach euch. |
| Who cares? | Wen juckt's? |
| So what? | Na und? |
| Suit yourself. | Tu, was du willst. |
| I don't give a damn. | Es ist mir scheißegal. |

Vorsicht! Nur in sehr vertrautem Umfeld verwenden.

> **Gut zu wissen!**
> Nach *like* und *love* kann eine *-ing*-Form oder ein *to*-Infinitiv stehen: *I like meeting / to meet new people.* Nach *dislike* steht nur die *-ing*-Form: *I dislike travelling by train.*
> Nach einer Präposition (*in, of, on* usw.) steht immer die *-ing*-Form: *I'm interested **in** / fond **of** / keen **on** going abroad.*

# G
## Gefühle und Emotionen

## 26 I'm so happy!
## Hoffnung, Freude und Glück

| | |
|---|---|
| I hope everything *will be / is going to be* alright. | Ich hoffe, alles geht gut. |
| I hope to see Jack tomorrow. | Ich hoffe, ich sehe Jack morgen. |
| Hopefully Maurice will get the promotion. | Hoffentlich wird Maurice befördert. |
| I'm keeping my fingers crossed (for you). | Ich drück (dir) die Daumen. |
| Let's hope for the best. | Hoffen wir das Beste. |
| Keith has high hopes of finding a job soon. | Keith hat große Hoffnung, bald eine Arbeit zu finden. |
| I'm feeling pretty optimistic about the future. | Ich blicke ziemlich optimistisch in die Zukunft. |
| I haven't given up hope of finding somewhere affordable to live. | Ich habe die Hoffnung noch nicht aufgegeben, eine bezahlbare Wohnung zu finden. |
| We are all pretty hopeful. | Wir sind alle ziemlich zuversichtlich. |
| This will offer hope to many people. | Dies wird vielen Menschen Hoffnung geben. |
| There's light at the end of the tunnel. | Es gibt Licht am Ende des Tunnels. |
| There's a faint glimmer of hope. | Es gibt einen Hoffnungsschimmer. |
| Will Mark be at the party? – I hope so. / I hope not. | Wird Mark auf der Party sein? – Ich hoffe es. / Ich hoffe nicht. |

Die Stellung von *hopefully* ist flexibel: *Maurice will hopefully get the promotion.*

Nicht: *big hopes*

Nicht: *I hope it.*

| | | |
|---|---|---|
| If all goes well, everything should be ready by the weekend. | Wenn alles gut geht, sollte bis zum Wochenende alles fertig sein. | |
| This news is *very promising / encouraging*. | Diese Nachricht ist *vielversprechend / ermutigend*. | Zu *news* vgl. Seite 46. |
| I'm so happy. | Ich bin so glücklich. | |
| I'm so pleased to hear that everything is going well. | Ich bin so froh, dass alles gut geht. | |
| I'm *pleased / delighted* that you are well again. | Ich bin *froh / sehr froh*, dass es dir wieder gut geht. | |
| Ronnie was in a pretty good mood. | Ronnie war in ziemlich guter Stimmung. | |
| Laura was feeling on top of the world. | Laura war überglücklich. | |
| When the baby was born, we were overjoyed. | Als das Baby geboren wurde, waren wir überglücklich. | |
| Everyone was cheerful. | Alle waren gut gelaunt. | |
| When she heard her exam results, she was over the moon. | Als sie ihre Prüfungsergebnisse erfahren hat, war sie ganz aus dem Häuschen. | |
| We were so thrilled. | Wir haben uns riesig gefreut. | |
| *You / It* really made my day. | *Du hast / Das hat* mir eine Riesenfreude gemacht. | |
| You've put me in a good mood. | Du hast mich aufgemuntert. | |
| You've lifted my spirits. | Du hast mich aufgeheitert. | |
| All's well that ends well. | Ende gut, alles gut. | |

> **Gut zu wissen!**
> Ausdrücke der Hoffnung und Freude können Sie folgendermaßen in die Satzstruktur integrieren:
> - to hope **that** something will happen oder to hope **to** do something (= hoffen, dass) / to hope **for** something (= auf etwas hoffen)
> - to be pleased **that** ... (= sich freuen, dass ...) / to be pleased **to** do something (= sich freuen, etwas zu tun) / to be pleased **about** something (= sich über etwas freuen)

# G
## Gefühle und Emotionen

## 27 I'm so disappointed.
## Enttäuschung und Traurigkeit

*disappointed with* betont das Empfinden, *disappointed by* den Auslöser; *disappointed in* wird in Bezug auf eine Person verwendet

| | |
|---|---|
| I was disappointed *with / by* the results. | Ich war von den Ergebnissen enttäuscht. |
| I'm disappointed in you. | Ich bin von Ihnen enttäuscht. |
| You've disappointed me. I was expecting more. | Sie haben mich enttäuscht. Ich hatte mehr erwartet. |
| We were so disappointed. | Wir waren so enttäuscht. |
| It was a bitter disappointment. | Es war eine herbe Enttäuschung. |
| My colleagues didn't help me, and I felt really let down. | Meine Kollegen haben mir nicht geholfen und ich fühlte mich im Stich gelassen. |
| To my great disappointment I didn't even get an interview. | Zu meiner großen Enttäuschung bekam ich noch nicht einmal ein Vorstellungsgespräch. |
| The whole weekend didn't come up to our expectations. | Das ganze Wochenende hat unsere Erwartungen enttäuscht. |
| It was a complete letdown. | Es war ein totaler Reinfall. |
| Everything fell way short of expectations. | Alles blieb weit hinter den Erwartungen zurück. |
| The party was a non-event. | Die Party war ein Reinfall. |
| I was so *disheartened / discouraged*. | Ich war so entmutigt. |
| I feel so *sad / unhappy / miserable*. | Ich fühle mich so *traurig / unglücklich / elend*. |
| I left with a heavy heart. | Ich bin schweren Herzens *abgereist / gegangen*. |

| | | |
|---|---|---|
| We were all really upset. | Wir waren wirklich alle bestürzt. | Die Bedeutung von *upset* reicht von „aufgebracht / verärgert / wütend" bis hin zu „erschüttert" und „traurig". |
| Max is really *blue / down*. | Max ist wirklich geknickt. | |
| You're looking very sorry for yourself. | Du siehst ziemlich mitgenommen aus. | |
| I was so *dejected / downcast / gloomy*. | Ich war so *bedrückt / niedergeschlagen / betrübt*. | |
| Why are you looking so *glum / dismal*? | Warum siehst du so bedrückt aus? | Achtung: Das kann abwertend klingen, etwa im Sinne von „Du lässt dich aber ganz schön hängen". |
| Jack is really *down in the dumps / low*. | Jack ist *zu Tode betrübt / völlig deprimiert*. | |
| When his team lost, he was *desolate / heartbroken*. | Als seine Mannschaft verlor, war er untröstlich. | |
| All the bad things that have happened in the last few months have really been getting me down. | All die schlimmen Dinge, die mir in den letzten Monaten passiert sind, haben mir ganz schön zugesetzt. | |
| It depresses me to think what's going to happen. | Es deprimiert mich, wenn ich daran denke, was passieren wird. | |
| Rachel is still *grieving / mourning* for her dead husband. | Rachel trauert noch um ihren verstorbenen Mann. | |
| The family is still in mourning. | Die Familie trauert noch. | |

> **Gut zu wissen!**
> Negative Gefühle auszudrücken, ist offen und ehrlich, aber man sollte den Eindruck vermeiden, zu jammern. Nützlich dabei sind Aussagen wie:
> *But I'm managing.* (Aber ich schaffe es schon.)
> *But he's bearing up.* (Aber er trägt es mit Fassung.)
> *But you just have to grin and bear it, don't you?* (Aber man muss einfach die Zähne zusammenbeißen, nicht wahr?)

# G

**Gefühle und Emotionen**

## 28 I was so surprised. Überraschung und Unglaube

| | |
|---|---|
| I was so surprised. | Ich war so überrascht. |
| We were *amazed / astonished*. | Wir waren *erstaunt / verwundert*. |
| The news came as such a surprise to everyone. | Die Nachricht überraschte uns alle völlig. |
| I can't get over it. | Ich kann es nicht fassen. |
| We just couldn't believe it. | Wir konnten es einfach nicht glauben. |
| I don't know what to say. | Ich weiß nicht, was ich sagen soll. |
| I was flabbergasted. | Ich war verblüfft. |
| It took my breath away. | Es hat mir den Atem verschlagen. |
| We just gasped with *astonishment / amazement*. | Es hat uns den Atem verschlagen. |
| I'm gobsmacked. | Ich bin platt. |
| I'm *lost for words / speechless*. | Ich bin sprachlos. |
| We were completely taken aback by it. | Das hat uns total verblüfft. |
| It was so surreal. | Es war so unwirklich. |
| It was a real eye-opener. | Das hat mir wirklich die Augen geöffnet. |
| That is absolutely mind-boggling. | Das ist kaum fassbar. |
| It was quite staggering. | Das war höchst erstaunlich. |
| I don't believe it! | Ich glaube es nicht! |
| But that's *incredible / unbelievable*. | Aber das ist unglaublich. |

*with* + Ursache steht auch in Ausdrücken wie:
*rigid with fear* = starr vor Angst
*shiver with cold* = vor Kälte zittern

| | | |
|---|---|---|
| Never! That's impossible. | Niemals! Das ist unmöglich. | |
| It's beyond belief. | Es ist unglaublich. | |
| It seems too good to be true. | Das ist zu gut, um wahr zu sein. | |
| It *was no surprise / came as no surprise*. | Es war keine Überraschung. | |
| No wonder. | Kein Wunder. | |
| I was not in the least bit surprised. | Ich war nicht im Geringsten überrascht. | |
| Pull the other one. (It's got bells on it.) | Das kannst du deiner Großmutter erzählen. | |
| A likely story. | Wer's glaubt. | |
| She would never have done that. Come off it. | Das hätte sie nie getan. Hör bloß auf. | |
| You can't tell me that … | Du kannst mir nicht weismachen, dass … | |
| I wasn't born yesterday, you know. | Ich bin nicht von gestern, weißt du. | |
| I'm a born *cynic / sceptic*. | Ich bin der geborene *Zyniker / Skeptiker*. | AE = *skeptic* |
| That's just an old wives' tale. | Das ist ein Ammenmärchen. | |
| I took it all with a pinch of salt. | Ich habe es nicht für bare Münze genommen. | |
| This sounds quite implausible. | Das klingt überhaupt nicht plausibel. | |
| It's inconceivable that Jack should do anything like that. | Es ist unvorstellbar, dass Jack so etwas tun würde. | Beachten Sie die Rechtschreibung von *inconceivable*. Sonst steht *i* vor *e* (z. B. in *belief, believe*). Englische Kinder lernen: *I before E, except after C*. |

> **Gut zu wissen!**
> Und hier noch ein Hinweis zur Rechtschreibung: Es gibt keine feste Regel, wann ein Gegenteil mit der Vorsilbe un- (z. B. *unbelievable*) gebildet wird und wann mit in- (z. B. *incredible*).
> Merken Sie sich zu in-: vor *p* wird in- wird zu im- (z. B. *impossible, implausible*), vor *l* zu il- (z. B. *illogical*) und vor *r* zu ir- (z. B. *irrelevant*).

# H
## Die Meinung äußern

### 29 What's your opinion? Ansichten anderer und die eigene Meinung

Das Fragewort ist immer *what*, nicht *how*. „Darüber" wird mit *about* oder *on* wiedergegeben, nicht mit *over*.

| | |
|---|---|
| What do you think (about this)? | Was denken Sie (darüber)? |
| What's your opinion (*about / on* this). | Was ist Ihre Meinung (hierzu)? |
| What are your views (*about / on* this matter)? | Was sind Ihre Ansichten (in dieser Angelegenheit)? |
| What is your *point of view / viewpoint* (on this)? | Was ist Ihr Standpunkt (dazu)? |
| What are your feelings (*about / on* this)? | Was halten Sie davon? |
| What is your thinking (*about / on* this)? | Was denken Sie (darüber)? |
| Where do you stand (on this matter)? | Wo stehen Sie (in dieser Sache)? |
| What's *your position / your standpoint* (on this)? | Wie ist *Ihre Einstellung / Ihr Standpunkt* (dazu)? |
| What's your perspective (on this matter)? | Wie sehen Sie diese Sache? |
| I think Jonny is right. | Ich denke, Jonny hat Recht. |
| If you ask me, this is a very promising idea. | Wenn Sie mich fragen, ist das eine vielversprechende Idee. |
| Personally, I'm very confident. | Ich persönlich bin sehr zuversichtlich. |
| *As I see it / The way I see it*, now is not the best time. | So wie ich das sehe, ist jetzt nicht der beste Zeitpunkt. |
| In my opinion we should be saving more. | Meiner Meinung nach sollten wir mehr sparen. |
| In my view, this is a waste of time. | Meiner Meinung nach ist das Zeitverschwendung. |

*thoughts* ist ein Synonym für *thinking*: What are your thoughts (about / on this)?

| | | |
|---|---|---|
| I take the view that not enough money is being spent on education. | Ich bin der Meinung, dass nicht genug Geld für Bildung ausgegeben wird. | |
| It seems to me that we all have to work harder. | Ich glaube, dass wir alle härter arbeiten müssen. | |
| I *feel / believe* we are on the right track. | Ich glaube, wir sind auf dem richtigen Weg. | |
| I don't *regard / consider* Andrew the best man for the job. | Ich betrachte Andrew nicht als den besten Mann für die Stelle. | |
| As far as I'm concerned, everything is going fine. | Soweit ich das sehe, läuft alles prima. | |
| I take the view that spending more will always help the economy. | Von meiner Warte aus, hilft mehr Konsum der Konjunktur immer. | |
| To my mind, she is one of the best writers of her day. | Für mich ist sie eine der besten Schriftstellerinnen ihrer Zeit. | |
| I reckon there are going to be big changes. | Ich schätze, es wird große Veränderungen geben. | *Reckon, figure* und *guess* sind eher informell. *Figure* wird vor allem im AE verwendet. |
| I figure Sonny will be back soon. | Ich glaube, dass Sonny bald zurück sein wird. | |
| I guess it's just a question of time. | Ich schätze, es ist einfach eine Frage der Zeit. | |

> **Gut zu wissen!**
> Meinungsäußerungen werden gemildert, um weniger direkt zu wirken. Beispiele:
> I **kind of** think ... (Irgendwie denke ich ...)
> I **sort of** feel ... (Irgendwie habe ich das Gefühl ...)
> **I'm afraid** it seems to me that ... (Ich fürchte, mir erscheint ...)
> **I suppose** my position on this is ... (Meine Meinung ist eher ...)
> **Actually** I feel that ... (Eigentlich habe ich das Gefühl ...)
> **Well**, as I see it ... (Nun, wie ich es sehe ...)
> I **more or less** take the view that ... (Ich bin mehr oder weniger der Ansicht, dass ...)

# H
## Die Meinung äußern

### 30 I agree
### Zustimmung ausdrücken

| | |
|---|---|
| That's right. | Das ist richtig. |
| You're (absolutely) right. | Sie haben (absolut) recht. |
| You're dead right. | Du hast total recht. |
| That's exactly it. | Genau das ist es. |
| I agree (*with you / with that*). | Ich stimme (*dir / dem*) zu. |
| I *fully / absolutely* agree. | Ich bin völlig einverstanden. |
| So we are agreed. | Wir sind also einer Meinung. |
| I couldn't agree more. | Ich sehe das ganz genauso. |
| We're in agreement. | Wir sind uns einig. |
| I'm of the same opinion. | Ich bin der gleichen Meinung. |
| I share your view. | Ich teile Ihre Ansicht. |
| That's *my opinion / my view / my impression*, too. | Das ist auch *meine Meinung / meine Ansicht / mein Eindruck*. |
| We seem to have similar views. | Wir haben anscheinend ähnliche Ansichten. |
| I see it that way too. | So sehe ich es auch. |
| We need more time. – I'm with you there. | Wir brauchen mehr Zeit. – Das finde ich auch. |
| I go along with that (hundred percent). | Ich bin damit (hundert Prozent) einverstanden. |
| I think *so / that*, too. | *So / Das* denke ich auch. |
| I believe you're right. | Ich glaube, du hast recht. |
| We see eye to eye on this. | Wir sind in dieser Sache einer Meinung. |
| There's a lot of truth in that. | Da ist viel Wahres dran. |

---

Aktiv und Passiv sind bedeutungsgleich:
*We agree.* =
*We are agreed.*

Nicht: *I think it too.*

Häufig wird dieser Ausdruck im Negativen gebraucht: *We don't see eye to eye.*

| | |
|---|---|
| Too true. | Nur zu wahr. |
| That's how it is. | So ist es. |
| *Exactly. / Precisely. / Quite.* | Genau. |
| Of course. | Natürlich. |
| You bet. | Und ob. |
| I like this idea. – Same here. | Ich mag diese Idee. – Ich auch. |
| You can say that again. | Das kannst du laut sagen. |
| I'm *sure / certain* of that. | Davon bin ich überzeugt. |
| That's correct. | Das ist korrekt. |
| You're correct in *saying / thinking* that. | Was Sie da *sagen / denken*, ist korrekt. |
| I support that. | Das unterstütze ich. |
| I'm (very much) in favour (of doing that). | Ich bin (sehr) dafür(, das zu tun). |
| You have my full support. | Sie haben meine volle Unterstützung. |
| We're on the right track. | Wir sind auf dem richtigen Weg. |
| You've hit the nail on the head. | Du hast den Nagel auf den Kopf getroffen. |
| I couldn't have put it better myself. | Das hätte ich selbst nicht besser sagen können. |
| You're *bang on / spot on*. | Du liegst genau richtig. |

*be in favour **of** **doing** something*
Nicht: ~~be in favour to do something~~

> **Gut zu wissen!**
> *Agree* hat mehrere Bedeutungen und Möglichkeiten der Verbindung:
> *agree with someone* (mit einer Person übereinstimmen)
> *agree with something* (eine Sache für gut halten)
> *agree with someone about something* (mit einer Person in einer Sache übereinstimmen)
> *agree about / on something* (über etwas gleicher Meinung sein)
> *agree to something* (z. B. einem Vorschlag oder Plan zustimmen)

# H
## Die Meinung äußern

### 31 I disagree
### Widersprechen

| | |
|---|---|
| I'm not sure that I agree. | Ich bin mir nicht sicher, ob ich einverstanden bin. |
| Sorry, I don't agree (*with you / with that*). | Tut mir leid, ich stimme (*Ihnen / dem*) nicht zu. |
| I'm afraid I disagree. | Ich bin leider anderer Meinung. |
| I don't really think you can say that. | Ich glaube eigentlich nicht, dass man das so sagen kann. |
| I have my doubts about that. | Da habe ich (so) meine Zweifel. |
| I rather doubt that. | Das bezweifele ich eher. |
| I doubt very much that that is the case. | Ich bezweifele sehr, dass dies der Fall ist. |
| I'm not so sure about that. | Da bin ich mir nicht so sicher. |
| That seems rather unlikely. | Das scheint eher unwahrscheinlich. |
| I'm rather sceptical. | Ich bin eher skeptisch. |
| I think there's a misunderstanding. | Ich glaube, es liegt ein Missverständnis vor. |
| We seem to be pulling in different directions on this. | Unsere Meinungen scheinen in dieser Sache auseinanderzugehen. |
| We differ (*about / on* this). | Wir sind (darüber) anderer Meinung. |
| We have differing views. | Wir haben unterschiedliche Ansichten. |

Widerspruch trägt man besser mit Bedauern oder indirekt vor: *I'm sorry, I'm afraid, not really* usw.

Nicht: ~~I doubt very that ...~~

AE = *skeptical*

| | | |
|---|---|---|
| We must agree to disagree. | Wir müssen es dabei belassen, dass wir unterschiedlicher Meinung sind. | |
| I'm *against (this) / not in favour (of this)*. | Ich bin dagegen. | AE = *favor* |
| We don't see eye to eye on this. | Wir sind in dieser Sache unterschiedlicher Meinung. | |
| We're divided on this. | Wir sind in dieser Sache gespaltener Meinung. | |
| I would dispute that. | Das würde ich bestreiten. | |
| That's not *right / correct*. | Das ist nicht *richtig / korrekt*. | |
| That can't be true, surely. | Das kann doch nicht stimmen. | |
| I completely disagree. | Ich bin völlig anderer Meinung. | Nicht: ~~I fully disagree.~~ |
| I must take issue with you over what you've just said. | Ich muss Ihnen in Bezug auf das, was Sie gerade gesagt haben, widersprechen. | |
| You're way out there. | Da liegen Sie ganz falsch. | |
| You're on the wrong track. | Du bist auf der falschen Fährte. | |
| I don't see it that way at all. | Das sehe ich gar nicht so. | |
| I really can't go along with that. | Da muss ich wirklich widersprechen. | |
| They are completely at odds with each other. | Sie sind sich absolut nicht einig. | |
| They are at each other's throats. | Sie liegen sich in den Haaren. | |

> **Gut zu wissen!**
> Will man sich einer negativen Meinung anschließen, bieten sich Konstruktionen mit *nor* und *neither* an:
> *I don't like the idea. – Nor I. / Nor me. / Me neither. / Nor do I. / Neither do I.*
> *I can't support that. – Nor I. / Nor me. / Me neither. / Nor can I. / Neither can I.*

# H

**Die Meinung äußern**

## 32 I have a complaint
## Beschwerde und Reklamation

Für schriftliche Beschwerden: *I am writing to lodge / register / file (AE) a complaint.*

Die folgenden Sätze sind vor allem auf Reisen sehr nützlich.

AE = *zipper*

| | |
|---|---|
| I'm sorry but I have a complaint to make. | Es tut mir leid, aber ich habe eine Beschwerde. |
| I'm afraid I have to complain about the service. | Ich muss mich leider über den Service beschweren. |
| I'm afraid there is *a slight problem / a bit of a problem*. | Es gibt leider ein kleines Problem. |
| There seems to be something wrong. | Es scheint etwas nicht in Ordnung zu sein. |
| The bathroom hasn't been cleaned. | Das Bad ist nicht gereinigt worden. |
| The heating isn't working. | Die Heizung funktioniert nicht. |
| There are no towels. | Es gibt keine Handtücher. |
| The light bulb is broken. | Die Glühbirne ist kaputt. |
| There's something wrong with the air conditioning. | Etwas stimmt mit der Klimaanlage nicht. |
| The toilet is blocked. | Die Toilette ist verstopft. |
| It's too *big / small / long / short*. | Es ist zu *groß / klein / lang / kurz*. |
| The zip is broken. | Der Reißverschluss ist kaputt. |
| The car is dirty. | Das Auto ist dreckig. |
| A part is missing. | Ein Teil fehlt. |
| When I press the button, nothing happens. | Wenn ich den Knopf drücke, passiert nichts. |
| *The screen / The display* stays blank. | *Der Bildschirm / Das Display* bleibt schwarz. |

| | |
|---|---|
| Can you fix it, please? | Können Sie es bitte richten? |
| Can you do something about it? | Können Sie etwas dagegen tun? |
| I'm sure we can find a way to resolve this. | Ich bin sicher, dass wir einen Weg finden, das zu klären. |
| I know this is not your fault. | Ich weiß, dass das nicht Ihre Schuld ist. |
| I would like to have a replacement. | Ich hätte gern Ersatz. |
| I would like to ask for a refund. | Ich möchte um Erstattung bitten. |
| I want my money back. | Ich will mein Geld zurück. |
| I don't have to *accept / put up with* this. | Das muss ich *nicht hinnehmen / mir nicht gefallen lassen*. |
| I'm perfectly within my rights to ask for my money back. | Es ist mein gutes Recht, mein Geld zurückzufordern. |
| I want to speak to the manager. | Ich will mit *dem Geschäftsführer / der Geschäftsführerin* sprechen. |
| I demand to speak to the person in charge. | Ich will die zuständige Person sprechen. |
| I will have to take the matter up with your superior. | Ich werde die Angelegenheit bei Ihrem Vorgesetzten ansprechen müssen. |
| I object to being treated in this way. | Ich verbitte mir eine solche Behandlung. |

*object to* + *-ing*-Form (nicht: ~~I object to be treated...~~)

> **Gut zu wissen!**
> Am ehesten hat man mit einer Beschwerde Erfolg, wenn man höflich bleibt und nicht mit der Tür ins Haus fällt. Auch hier gilt, dass Wendungen wie *I'm afraid* und *I'm sorry but* helfen, die Beschwerde weniger vorwurfsvoll zu formulieren. Wenn man dabei noch eine Portion Humor beisteuern kann, hat man schon halb gewonnen.

# I
## Unterwegs in der Stadt

## 33 How about going to the cinema?
### Vorschläge und Empfehlungen

| | |
|---|---|
| Can you suggest what sights we might go and see? | Welche Sehenswürdigkeiten können Sie uns empfehlen? |
| Could you make some suggestions? | Was schlagen Sie (uns) vor? |
| Can you give us some tips? | Können Sie uns ein paar Tipps geben? |
| Can you recommend somewhere to eat? | Können Sie uns ein Restaurant empfehlen? |
| I wondered if maybe you could give us some ideas. | Haben Sie vielleicht ein paar Anregungen für uns? |
| *How / What* about going to the cinema? | Wie wäre es mit Kino? |
| You could go to a theme park. | Sie könnten in einen Themenpark gehen. |
| We could try the old quarter. | Wie wär's mit der Altstadt? |
| Why don't we go to the beach? | Warum gehen wir nicht zum Strand? |
| Let's go on a boat trip. | Lasst uns eine Bootsfahrt machen. |
| I suggest having a rest and then going out again. | Ich schlage vor, wir ruhen uns aus und ziehen dann wieder los. |
| *Can / May* I make another suggestion? | *Kann / Darf* ich einen anderen Vorschlag machen? |
| If I may make a different suggestion, ... | Wenn ich einen anderen Vorschlag machen dürfte, ... |
| I have a better idea. | Ich habe eine bessere Idee. |

Nach *how about* bzw. *what about* steht immer die *-ing*-Form. Übrigens: Im AE sagt man *How about going to the movies*.

Nach *suggest* steht die *-ing*-Form oder *that*: *I suggest that we have a rest ...* Nicht: ~~I suggest to have a rest.~~

| | | |
|---|---|---|
| If you like, we can go in our car. | Wenn ihr möchtet, können wir unser Auto nehmen. | |
| Would you like me to take you? | Möchtest du, dass ich euch hinbringe? | Nach *would like* kein Satz mit *that*: ~~Would you like that I take you?~~ |
| Shall we meet (at the reception) in half an hour? | Sollen wir uns in einer halben Stunde (an der Rezeption) treffen? | |
| You might like to have a cocktail at the Golden Peacock. | Vielleicht möchten Sie im Golden Peacock einen Cocktail trinken. | |
| The best thing would be to meet up at nine. | Das Beste wäre, sich um neun zu treffen. | |
| If I were you, I'd book online. | An deiner Stelle, würde ich online *reservieren / buchen*. | Mittlerweile ist im britischen Englisch auch *If I was you …* gängig. |
| I would strongly recommend that you book beforehand. | Ich würde sehr empfehlen, vorher zu *reservieren / buchen*. | |
| We could always just go to the pub. | Wir könnten einfach *ins Pub / in die Kneipe* gehen. | |
| I can't think of anything better, so we might as well do what Annie says. | Mir fällt nichts Besseres ein, also könnten wir auch einfach das tun, was Annie vorschlägt. | |
| *Take my advice / Take it from me:* it isn't worth the trouble. | Hör auf meinen Rat: Es ist die Mühe nicht wert. | |

> **Gut zu wissen!**
> Vorschläge mit *we could always* oder *we might as well* drücken keine Begeisterung aus. Man hat nur einfach keine bessere Idee.
> *Take my advice* und *Take it from me* werden häufig gebraucht, wenn jemand einen Rat aufgrund schlechter Erfahrungen gibt.

# Unterwegs in der Stadt

## 34 Are you ready to order?
### Im Restaurant

| | |
|---|---|
| I'd like to book a table. | Ich möchte einen Tisch reservieren. |
| How many is it for? | Für wie viele Personen? |
| A table for four at 7.30. | Ein Tisch für vier Personen um 19.30 Uhr. |
| If possible we'd like a table *by the window / outside on the terrace / in the garden / somewhere quiet.* | Nach Möglichkeit hätten wir gern einen Tisch *am Fenster / draußen auf der Terrasse / im Garten / in einer ruhigen Ecke.* |
| We have a reservation in the name of … | Wir haben eine Reservierung auf den Namen … |
| Are these two seats free? Do you mind if we join you? | Sind diese zwei Plätze frei? Hätten Sie was dagegen, wenn wir uns dazusetzen? |
| I'll have a cocktail, I think. | Ich nehme einen Cocktail. |
| What are today's specials? | Welche Tagesgerichte gibt es? |
| Can we see the menu, please? | Können wir bitte die Speisekarte haben? |
| Are you ready to order? | Haben Sie gewählt? |
| I'll have a mixed salad as a starter. | Ich nehme einen gemischten Salat als Vorspeise. |
| And for my main (course) I'd like the pasta with salmon. | Und als Hauptgericht hätte ich gern die Nudeln mit Lachs. |
| I'm a vegetarian. | Ich bin Vegetarier(in). |
| I'm allergic to … | Ich bin gegen … allergisch. |
| Can I have it without potatoes? | Kann ich es ohne Kartoffeln bekommen? |

---

Auch ohne *p.m.* ist klar, welche Uhrzeit gemeint ist. Bei Reservierungen wird die *24-hour-clock* nicht verwendet, also nicht: ~~at 19 hundred hours.~~

*I'll* (= *I will*) + *have*, nicht: ~~I take ...~~

Falsche Freunde!
*menu* = Speisekarte
Menü = *set meal*

Präposition beachten:
*allergic to*
Nicht: ~~Can I get ...~~

| | | |
|---|---|---|
| Could I have extra vegetables instead? | Könnte ich stattdessen mehr Gemüse bekommen? | |
| I'd like the steak *rare / medium rare / medium / well done*. | Ich hätte das Steak gern *blutig / englisch / medium / durchgebraten*. | |
| And to drink we'll have a bottle of *sparkling / still* water. | Und zu trinken hätten wir gern eine Flasche Wasser *mit / ohne* Kohlensäure. | |
| Just tap water. | Einfach Leitungswasser. | |
| Can you bring me *another knife / a new fork / a clean spoon*, please? | Bringen Sie mir bitte *noch ein Messer / eine neue Gabel / einen sauberen Löffel*. | |
| I'm full (up). | Ich bin satt. | *I'm full* hat keine Negativbedeutung. |
| I'm finished. | Ich bin fertig. | |
| I can't manage any more. | Mehr schaffe ich nicht. | |
| No dessert for me, thanks. | Für mich bitte kein Dessert. | *dessert* [dɪˈzɜːt] = Dessert |
| Can we have the bill, please? | Die Rechnung, bitte. | *desert* [ˈdezət] = Wüste |
| Does this include service? | Ist die Bedienung inbegriffen? | |
| Do we pay here or at the *bar / exit*? | Bezahlen wir hier oder *an der Theke / am Ausgang*? | |
| We'll split the bill. | Wir teilen die Rechnung. | |
| You're my guest. This is on me. | Du bist mein Gast. Das übernehme ich. | |
| Then it's my turn next time round. | Dann bin ich nächstes Mal dran. | |

**Gut zu wissen!**
In den meisten Pubs bestellt man an der Theke und bezahlt dort auch gleich. In Pubs mit abgetrenntem Restaurantbereich wird am Tisch bestellt und man bezahlt am Schluss. Ob man im Restaurant einen Tisch angeboten bekommt oder selbst auswählt, hängt vom Lokal ab. Ebenso, ob man am Tisch bezahlt oder an der Kasse am Ausgang. Letzteres ist häufiger in den USA der Fall, wo übrigens ein Trinkgeld von 15 % üblich ist.

# I

## Unterwegs in der Stadt

## 35 How much is this? Shopping

| | |
|---|---|
| *How much is this? / What does this cost?* | Wie viel kostet das? |
| Sorry, that's too much. | Das ist mir leider zu viel. |
| That's more than I wanted to spend. | Das ist mehr als ich ausgeben wollte. |
| Do you have anything cheaper? | Haben Sie etwas Günstigeres? |
| I'm looking for a birthday present. | Ich suche ein Geburtstagsgeschenk. |
| Do you have something that would appeal to an older person? | Haben Sie etwas, das einer älteren Person gefallen könnte? |
| Can I help you? – I'm just looking, thanks. | Kann ich Ihnen helfen? – Danke, ich schaue nur. |
| I'll take it. | Ich nehme es. |
| I'll leave it, thanks. | Danke, ich möchte es nicht. |
| Can I try this on, please? | Kann ich das bitte anprobieren? |
| Where are the changing rooms? | Wo ist die Umkleide? |
| Do you have it in another colour? | Haben Sie es in einer anderen Farbe? |
| Do you have it in the next size *up / down*? | Haben Sie es eine Nummer *größer / kleiner*? |
| I'm a continental size 46. I don't know what that is in Britain. | Ich habe Größe 46. Ich weiß nicht, welcher Größe das in England entspricht. |
| Does it fit? | Passt es? |

Beachten Sie die Zukunftsform *I'll* (= I will). Nicht: *I take / leave it.*

AE = *color*

| | | |
|---|---|---|
| It's a bit too *tight* / *small* / *loose* / *big*. | Es ist ein bisschen zu *eng* / *klein* / *weit* / *groß*. | |
| It suits you. | Es steht Ihnen. | |
| Does it go with this jacket? | Passt *er* / *sie* / *es* zu dieser Jacke? | Deutsch „passen" ist *fit* in Bezug auf die Größe und *go with* oder *match* hinsichtlich Stil oder Farbe, z. B. *Do the gloves and the scarf match?* |
| It's just what I had in mind. | Es ist genau das, was ich mir vorgestellt habe. | |
| It's not quite what I was looking for. | Es ist nicht ganz das, was ich gesucht habe. | |
| Can you *wrap* / *pack* it as a present? | Können Sie es als Geschenk einpacken? | |
| Can I leave it here and collect it later? | Kann ich es hier lassen und später abholen? | |
| Do you have a carrier bag? | Haben Sie eine Einkaufstüte? | |
| Can I (ex)change this? | Kann ich das umtauschen? | |
| I'd like to return this. | Ich möchte das zurückgeben. | |
| Do you still have the receipt? | Haben Sie noch die Quittung? | |
| Actually, I'd like my money back. | Eigentlich hätte ich gern mein Geld zurück. | In vielen Geschäften wird Ihnen anstelle einer Erstattung in bar (*refund*) ein Gutschein (*credit note* oder *voucher*) ausgestellt. |
| Key in your PIN, please. And press to confirm. | Geben Sie bitte Ihre PIN ein. Und drücken Sie, um zu bestätigen. | |
| This card doesn't have a PIN, I have to sign for it. | Zu dieser Karte gibt es keine PIN, ich muss unterschreiben. | |
| Can you give me some small change? | Können Sie mir Kleingeld geben? | |

> **Gut zu wissen!**
> In Großbritannien sind die Ladenöffnungszeiten weniger streng geregelt als in den deutschsprachigen Ländern. In vielen Orten gibt es Geschäfte, die rund um die Uhr (24/7) geöffnet sind. Sonntags haben große Kaufhäuser und Supermärkte generell auf, wenn auch nicht so lange wie an Wochentagen.

# I

## Unterwegs in der Stadt

### 36  Do you have any vacancies?
### In der Unterkunft

Bei einem *double room* bekommen Sie ein Doppelzimmer mit Doppelbett. Möchten Sie ein Doppelzimmer mit zwei Einzelbetten, müssen Sie nach einem *twin(-bedded) room* fragen.

| Do you have any vacancies? | Haben Sie Zimmer frei? |
|---|---|
| We're looking for a *single room / double room / family room*. | Wir suchen ein *Einzelzimmer / Doppelzimmer / Mehrbettzimmer*. |
| We're looking for a bed-and-breakfast for tonight. | Wir suchen für heute Nacht ein Privatzimmer mit Frühstück. |
| We'd like *a quiet room / a room at the back*. | Wir hätten gern *ein ruhiges Zimmer / ein Zimmer, das nach hinten geht*. |
| All our rooms are ensuite. | Alle unsere Zimmer haben ein eigenes Bad. |
| All our rooms have tea and coffee-making facilities. | In all unseren Zimmern gibt es einen Wasserkocher, Tee und Kaffee. |
| How much is it? | Wie viel kostet es? |
| Is breakfast included? | Ist das Frühstück inbegriffen? |
| We have a reservation for three nights in the name of … | Wir haben eine Reservierung für drei Nächte auf den Namen … |
| Can you fill in the registration form, please? | Können Sie bitte das Anmeldeformular ausfüllen? |
| Can you sign here, please? | Können Sie bitte hier unterschreiben? |
| How are you paying? | Wie wollen Sie bezahlen? |
| The room was booked via the internet and prepaid. Why do you need my credit card? | Das Zimmer wurde über das Internet gebucht und im Voraus bezahlt. Warum brauchen Sie meine Kreditkarte? |

Auf einem Anmeldeformular begegnen Ihnen: *date of arrival / departure* (Ankunfts-/Abreisedatum), *method of payment* (Zahlungsweise), *room rate* (Zimmerpreis) sowie die Unterschrift (*signature*).

| | |
|---|---|
| I need to swipe your card but it won't be charged till you check out. | Ich muss Ihre Karte einlesen, aber sie wird erst beim Checkout belastet. |
| If you're paying cash, I need payment *up front / in advance*. | Wenn Sie bar bezahlen, brauche ich Vorauskasse. |
| The room is not ready yet. Check-in is from 2 pm. | Das Zimmer ist noch nicht fertig. Check-in ist ab 14 Uhr. |
| Can I leave my luggage? | Kann ich mein Gepäck dalassen? |
| What time is breakfast? | Um wie viel Uhr ist Frühstück? |
| You'll find the breakfast menu in the folder in your room. | Sie finden die Frühstückskarte in der Mappe auf Ihrem Zimmer. |
| Where's the *lift / gym / spa*? | Wo ist der *Aufzug / Fitnessraum / Wellnessbereich*? |
| What's the password for the internet? | Wie ist das Passwort für das Internet? |
| Do you have a street map? | Haben Sie einen Stadtplan? |
| Do you have a *hair-dryer / continental adapter plug*. | Haben Sie einen *Fön / Adapter für europäische Stecker*? |
| We'd like to *extend (by) one night / stay an extra night*. | Wir möchten *um eine Nacht verlängern / noch eine Nacht bleiben*. |
| I'd like to *check out / pay the bill*. | Ich möchte *auschecken / die Rechnung bezahlen*. |
| No, nothing from the mini-bar. | Nein, nichts aus der Minibar. |

Übrigens: Für den Fall, dass nicht alles Ihren Wünschen entspricht, finden Sie in Kapitel 32 wichtige Wendungen, um Ihre Beanstandungen loszuwerden.

> **Gut zu wissen!**
> *Bed-and-breakfast* (Privatzimmer mit Frühstück, oft auch B&B abgekürzt) ist in Großbritannien weit verbreitet. Es ist oft (aber nicht immer!) günstiger, als im Hotel zu übernachten, und bietet gute Möglichkeiten, mit Menschen in Kontakt zu kommen.

# J
## Freizeit

### 37 I love watching old movies
### Das interessiert mich

| | |
|---|---|
| I *love / adore* watching old movies. | Ich schaue sehr gern alte Filme. |
| I do most of the cooking and I like trying out new recipes. | Ich übernehme meistens das Kochen und probiere gern neue Rezepte aus. |
| I just like going out and meeting my friends at the pub. | Ich gehe einfach gern raus und treffe mich mit meinen Freunden im Pub. |
| I enjoy watching travel documentaries. | Ich schaue mir gern Reise-Dokus an. |
| I never miss an episode of my favourite soap if I can help it. | Ich verpasse keine Folge meiner Lieblingssoap, wenn ich es irgendwie vermeiden kann. |
| I don't do much reading. | Ich lese nicht viel. |
| I'm into photography. | Ich interessiere mich für das Fotografieren. |
| I like listening to music. | Ich höre gern Musik. |
| I'm teaching myself to play the guitar. | Ich bringe mir das Gitarrespielen bei. |
| I quite often go to flea markets. | Ich gehe ziemlich oft auf Flohmärkte. |
| I'm really into DIY. | Heimwerken ist genau mein Ding. |
| I collect perfume flasks. | Ich sammle Parfümflakons. |
| I have a dog, so that helps me get out of the house. | Ich habe einen Hund; das hilft mir, aus dem Haus zu kommen. |

*DIY = do it yourself (mach es selbst)*

| | | |
|---|---|---|
| When I get home I like to put my feet up. | Wenn ich nach Hause komme, lege ich erstmal die Füße hoch. | |
| I spend a lot of time *tweeting and skyping / on facebook*. | Ich verbringe viel Zeit *mit Twitter und Skype / auf Facebook*. | |
| I'm interested in *anything to do with computers / computer games*. | Ich interessiere mich für *alles, was mit Computern zu tun hat / Computerspiele*. | Präposition beachten: *be interested in* |
| We take every opportunity to get away. | Wir nehmen jede Gelegenheit wahr zu verreisen. | |
| I'm hooked on sudoku. | Ich bin süchtig nach Sudoku. | |
| I'm a keen gardener. | Ich bin begeisterter Hobbygärtner. | |
| This is a great way to wind down. | Dabei kann ich mich sehr gut entspannen. | |
| I spend quite a bit of time in front of the TV. | Ich verbringe ziemlich viel Zeit vor dem Fernseher. | |
| My main hobby is amateur dramatics. | Mein wichtigstes Hobby ist Amateurtheater. | |
| Margaret does quite a bit of voluntary work. | Margaret arbeitet ziemlich viel ehrenamtlich. | |
| I'm chairperson of our tennis club. | Ich bin Vorsitzende(r) unseres Tennisvereins. | |
| I don't have much free time so I see to it that I take it easy most of the time. | In der wenigen Freizeit, die ich habe, möchte ich es ruhig angehen lassen. | |
| I don't have anything that I would call a hobby. | Ich habe nichts, was ich als Hobby bezeichnen würde. | |
| I'm not interested in politics. | Ich interessiere mich nicht für Politik. | |
| I try to keep up with what's going on in the world. | Ich versuche auf dem Laufenden zu bleiben. | |

> **Gut zu wissen!**
> Aus Verben macht man durch Anhängen von *-ing* Nomen: *I watch movies.* → *Watch**ing** movies is something I do a lot.*

# J
## Freizeit

### 38 In the winter I go skiing
### Sport ist mein Ding

**Präposition beachten:**
good / no good / bad at

| | |
|---|---|
| I took up *golf / martial arts* last year. | Ich habe letztes Jahr mit *Golf / Kampfsport* angefangen. |
| Do you fancy a round of golf? | Hätten Sie Lust auf eine Runde Golf? |
| Do you know a good golf course round here? | Kennen Sie hier einen guten Golfplatz? |
| I'm no good at *golf / football*. | Ich spiele nicht gut *Golf / Fußball*. |
| I've forgotten my gear. | Ich habe mein Sportzeug vergessen. |
| I'm very much into watersports. | Ich bin begeisterte(r) Wassersportler(in). |
| I do *sailing / (wind-)surfing / water-skiing / scuba diving*. | Ich *segle / (wind)surfe / fahre Wasserski / mache Sporttauchen*. |
| There's a nice steady breeze today, not too light and not too brisk. | Heute gibt es eine schöne stetige Brise, nicht zu leicht, nicht zu steif. |
| Can I hire a life-jacket? | Kann ich eine Rettungsjacke ausleihen? |
| Is the boat fully equipped? | Ist das Boot voll ausgestattet? |
| There's a severe weather warning out. | Es wurde eine Sturmwarnung ausgegeben. |
| We go hiking most weekends. | Wir gehen am Wochenende meistens wandern. |
| There's a coastal footpath. | Es gibt einen Wanderweg an der Küste. |
| There aren't any marked trails. | Es gibt keine markierten Wanderwege. |

| | |
|---|---|
| We went on a circular walk. | Wir haben eine Rundwanderung gemacht. |
| Where can I get a mountain guide? | Wo finde ich eine(n) Bergführer(in)? |
| How steep is it? | Wie steil ist es? |
| How often do you go to the gym? | Wie oft gehen Sie ins Fitnessstudio? |
| I do circuit training. | Ich mache Zirkeltraining. |
| I try to work out three times a week. | Ich versuche drei Mal die Woche zu trainieren. |
| I regularly go to Pilates classes. | Ich gehe regelmäßig ins Pilates. |
| I love dancing. | Ich tanze sehr gern. |
| I adore Zumba. | Ich stehe total auf Zumba. |
| I go jogging. | Ich gehe joggen. |
| I do *athletics / nordic walking*. | Ich mache *Leichtathletik / Nordic-Walking*. |
| I do inline skating. | Ich gehe Inlineskaten. |
| I run marathons. | Ich laufe Marathon. |
| In the winter I go *skiing / cross-country skiing*. | Im Winter gehe ich *skifahren / langlaufen*. |
| I go *ice-skating / tobogganing / curling*. | Ich gehe *Schlittschuh laufen. / rodeln / Eisstock schießen*. |

*fitness studio* klingt im Englischen recht unidiomatisch, gebräuchlich ist dagegen *fitness centre* (AE = *center*)

**Gut zu wissen!**
Für das simple Wort „Schläger" gibt es vielfältige Übersetzungen. Beim Tennis, Badminton sowie Squash heißt er *racket*, beim Tischtennis und Cricket aber *bat*, beim Hockey wiederum *stick* und beim Golf *club*.
Bei „Platz" ist es ähnlich verwirrend: Ein Golfplatz ist *a golf course*, ein Tennisplatz *a tennis court* und ein Fußballplatz *a football pitch*.

# J
Freizeit

## 39 The special exhibition opens tomorrow
## Kunst und Kultur

| | |
|---|---|
| When does the museum *open / close*? | Wann *öffnet / schließt* das Museum? |
| When is the next guided tour? | Wann ist die nächste Führung? |
| Do you have a German audio-guide? | Haben Sie einen deutschsprachigen Audio-Führer? |
| Are you allowed to take photographs? | Ist es erlaubt zu fotografieren? |
| The special exhibition opens tomorrow. | Die Sonderausstellung eröffnet morgen. |
| How much is the catalogue? | Was kostet der Katalog? |
| Can I take my bag in with me? | Kann ich meine Tasche mit reinnehmen? |
| Which floor are the Turner paintings on? | In welchem Stock sind die Gemälde von Turner? |
| Don't touch. | Nicht berühren. |
| Are there *hands-on / interactive* exhibits? | Gibt es *Exponate zum Anfassen / interaktive Exponate*? |
| I thought it was a fake, but it's genuine. | Ich dachte, es wäre eine Attrappe, aber es ist echt. |
| I like the *landscapes / still lifes / self-portrait*. | Ich mag *die Landschaften / die Stillleben / das Selbstporträt*. |
| I haven't got much time for modern art. | Ich habe nicht viel übrig für moderne Kunst. |
| Let's have a break and go to the café. | Lasst uns Pause machen und ins Café gehen. |

*be allowed* kann man nur mit einer Person verwenden: *Am I / Are you allowed ...?* Nicht: *Is it allowed ...?*

Im AE werden die Stockwerke anders gezählt.
BE: *ground floor* [0] / *first floor* [1] / *second floor* [2] / ...
AE: *first floor* [0] / *second floor* [1] / *third floor* [2] / ...

| | | |
|---|---|---|
| Would you like to go to *the opera / the theatre / a concert* tonight? | Möchten Sie heute Abend in *die Oper / das Theater / ein Konzert* gehen? | Präposition beachten: *go to* ... Nicht: ~~go in~~ ... |
| I'll meet you in the foyer. | Ich treffe Sie im Foyer. | |
| The tickets are reserved in my name. | Die Eintrittskarten sind auf meinen Namen reserviert. | |
| Are there any seats left? | Gibt es noch Karten? | |
| Which row are we in? | In welcher Reihe sind wir? | |
| Sorry, I think you're sitting in my seat. | Entschuldigung, ich glaube, Sie sitzen auf meinem Platz. | |
| What are they *playing / performing*? | Was *spielen sie / führen sie auf*? | |
| When does the performance begin? | Wann beginnt die Aufführung? | |
| Is there an interval? | Gibt es eine Pause? | AE = *intermission* Auf keinen Fall: ~~pause~~ |
| It's the *opening night / premiere*. | Es ist die *Uraufführung / Premiere*. | |
| It's had very good reviews. | *Er / Sie / Es* hat sehr gute Kritiken bekommen. | |
| Who's the *director / conductor*? | Wer *führt Regie / dirigiert*? | |
| The *lead / leading role* was fantastic. | Der (Die) Hauptdarsteller(in) war fantastisch. | |
| Could you follow the plot? | Konnten Sie der Handlung folgen? | |
| Who wrote the play? | Wer hat das Stück geschrieben? | |
| The acoustics were amazing. | Die Akustik war großartig. | *acoustics* ist im Englischen immer Plural |
| There were two curtain calls. | Es gab zwei Vorhänge. | |
| There were two encores. | Es gab zwei Zugaben. | |

---

**Gut zu wissen!**
Von welchem Künstler? *By*, nicht ~~from~~:
*a painting **by** Van Gogh / a play **by** Shakespeare / a symphony **by** Beethoven / an opera **by** Rossini*

# J
## Freizeit

### 40 We could go and see the new movie
### Popkultur

| | |
|---|---|
| Do you fancy going to the cinema? | Hättest du Lust ins Kino zu gehen? |
| We could go and see the new James Bond movie. | Wir könnten den neuen James-Bond-Film anschauen. |
| Great! Sure. | Super. Gerne. |
| I'm not much of a film-goer. | Ich gehe nicht so gern ins Kino. |
| What's on at the cinema? | Was läuft im Kino? |
| Where is it showing? | Wo läuft er? |
| *Showtimes / Screenings* are at 6.30, 8.30 and 10.30 pm. | Vorführungen sind um 18.30, 20.30 und 22.30 Uhr. |
| There's a late-night showing. | Es gibt eine Spätvorstellung. |
| The film hasn't been released in Germany yet. | Der Film ist in Deutschland noch nicht angelaufen. |
| The film has just been released. | Der Film läuft gerade in den Kinos an. |
| What's on the telly? | Was läuft im Fernsehen? |
| I didn't think this film was as good as the last one. | Dieser Film hat mir nicht so gut gefallen wie der vorige. |
| The reviews are all very positive. | Die Kritiken sind alle sehr positiv. |
| … is my favourite soap. I have the complete seasons on DVD. | … ist meine Lieblingsserie. Ich habe alle Staffeln auf DVD. |
| The special effects are out of this world. | Die Spezialeffekte sind fabelhaft. |

Umgangssprachlich auch: *What's on the box?*

Falsche Freunde!
*critic* = Kritiker(in)
Kritik (Film, Buch, Veranstaltung) = *review*

| | | |
|---|---|---|
| The film was nominated for two Oscars. | Der Film wurde für zwei Oscars nominiert. | |
| The photography is amazing. | Die Aufnahmen sind überwältigend. | *photograph* = Foto *photographer* = Fotograf(in) *photography* = Aufnahme; Fotografie; Fotografieren |
| Have you read the latest thriller by …? | Kennst du schon den neuesten Krimi von …? | |
| I can't wait for the next volume of … | Ich warte schon sehnsüchtig auf den nächsten Band von … | |
| I'm a fan of *French comics / Japanese mangas*. | Ich bin ein Fan von *französischen Comics / japanischen Mangas*. | |
| The latest game from … has incredible graphics. | Das neueste Game von … hat eine unglaubliche Grafik. | |
| Have you seen the latest messaging app? | Kennst du schon die neueste Nachrichten-App? | |
| There's live music every Saturday. | Es gibt jeden Samstag Livemusik. | |
| Do you fancy going to the gig at the Ferris Club? | Hättest du Lust, auf den Gig im Ferris-Club zu gehen? | |
| Would you like to go clubbing? | Wollen wir clubben gehen? | |
| The venue has top-notch DJs. | Die Location hat erstklassige DJs. | |
| The single reached number two in the charts. | Die Single hat es auf Platz zwei in den Charts geschafft. | |
| It's their debut album. | Es ist ihr Debütalbum. | |
| Their latest single was a mega success. | Ihre letzte Single war ein Mega-Erfolg. | |
| They're on tour in Germany this summer. | Sie sind diesen Sommer auf Tournee in Deutschland. | |
| It was a *great / terrible* show. | Es war ein *großartiger / ganz mieser* Auftritt. | |

> **Gut zu wissen!**
> Früher galt: *film* und *cinema* = BE, *movie* und *movie theater* = AE. Inzwischen ist *movie*, neben *film*, im BE gebräuchlich. *Cinema* ist weiterhin die Entsprechung für „Kino".

## K
**Urlaub und Reise**

### 41 Have a good trip!
### Urlaubspläne und Reiseberichte

| | |
|---|---|
| Do you have any holiday plans? | Haben Sie Urlaubspläne? |
| When are you taking your holiday this year? | Wann nimmst du dieses Jahr deinen Urlaub? |
| I still have holiday left, so I'm taking Wednesday and Thursday off. | Ich habe noch Urlaub(stage) übrig und nehme mir Mittwoch und Donnerstag frei. |
| The company closes down between Christmas and New Year. | Die Firma macht zwischen Weihnachten und Neujahr zu. |
| It's a public holiday on Thursday, so I'm taking an extra day (off) on Friday and making a long weekend of it. | Der Donnerstag ist (ein) Feiertag, also nehme ich mir Freitag als Brückentag und mache daraus ein langes Wochenende. |
| We're going away for a short break. | Wir machen einen Kurzurlaub. |
| We try to avoid going away in the school holidays. | Wir versuchen es zu vermeiden, in den Schulferien zu verreisen. |
| We have kids so we're tied to the school holidays. | Wir haben Kinder, also sind wir an die Schulferien gebunden. |
| Have a good *trip / journey*. | Gute Reise. |
| Have a good holiday. | Schönen Urlaub. |
| I'll see you when you get back. | Wir sehen uns, wenn Sie wieder da sind. |
| How was your holiday? | Wie war dein Urlaub? |

Sogenannte Brückentage sind in den englischsprachigen Ländern rar, weil Feiertage dort selten auf einen Donnerstag fallen.

*avoid doing something*, nicht ~~avoid to do something~~

| | | |
|---|---|---|
| Where did you go? | Wo warst du? | |
| Where did you stay? | Wo habt ihr gewohnt? | Vorübergehendes Wohnen, etwa im Urlaub, wird mit *stay*, nicht mit ~~live~~ ausgedrückt. |
| How long did you go for? | Wie lange waren Sie verreist? | |
| We flew to Spain and spent a week on the Costa del Sol. | Wir sind nach Spanien geflogen und haben eine Woche an der Costa del Sol verbracht. | |
| We rented a holiday apartment. | Wir haben eine Ferienwohnung gemietet. | |
| We stayed in a *B&B / hotel / guesthouse*. | Wir haben in *einem Privatzimmer / einem Hotel / einer Pension* gewohnt. | |
| We *hired / rented* a camper (van) and toured for two weeks. | Wir haben ein Wohnmobil gemietet und sind zwei Wochen herumgereist. | BE = *camper (van)* <br> AE = *mobile home* |
| We shared a house with some friends of ours. | Wir haben mit Freunden zusammen ein Haus genommen. | |
| We booked a *package holiday / package tour*. | Wir haben eine *Pauschalreise / Pauschalrundreise* gebucht. | |
| We *went on / did* a cruise. | Wir haben eine Kreuzfahrt gemacht. | *go on a tour / cruise* oder *do a tour / cruise*, auf keinen Fall: ~~*make a tour / cruise*~~ |
| We went backpacking in South America. | Wir haben Rucksackferien in Südamerika gemacht. | |
| The accommodation was OKish, but the beach was on our doorstep. | Die Unterkunft war so lala, aber der Strand war vor der Haustür. | |
| We just lazed on the beach. | Wir haben einfach am Strand gefaulenzt. | |

> **Gut zu wissen!**
> Wenn man im Deutschen vom Urlaub erzählt, verwendet man häufig Perfektformen (wir sind geflogen, wir haben übernachtet usw.).
> Im Englischen dagegen wird für solche abgeschlossenen und nicht mehr in die Gegenwart reichenden Ereignisse das *simple past* verwendet (*we flew, we stayed* usw.).

**K**

Urlaub und Reise

## 42 Do I have to change?
## Unterwegs

AE = meist *baggage*
BE = *luggage* oder *baggage*
Gepäckausgabe = generell *baggage (re)claim*

| | |
|---|---|
| I'd like *a window / an aisle* seat, please. | Ich hätte gern einen Platz am *Fenster / Gang*. |
| Am I allowed to take this on board as hand luggage? | Darf ich das als Handgepäck mit an Bord nehmen? |
| I'd like to *change / confirm* my flight. | Ich möchte meinen Flug *umbuchen / bestätigen*. |
| There was a traffic jam on the way to the airport and I've missed my flight. | Es gab Stau auf dem Weg zum Flughafen und ich habe meinen Flug verpasst. |
| The flight is delayed and I don't know if I'll make my connecting flight. | Der Flug ist verspätet und ich weiß nicht, ob ich meinen Anschlussflug noch bekomme. |
| The flight has been cancelled. | Der Flug ist annulliert worden. |
| I'm afraid I think you're in my seat. I have 6B. | Ich fürchte, Sie sitzen auf meinem Platz. Ich habe 6B. |
| Don't worry, I'll sit here instead. | Macht nichts, ich setze mich stattdessen hierher. |
| Does the car have satnav? | Hat das Auto (ein) Navi? |
| Is the car a diesel or petrol-driven? | Ist das Auto ein Diesel oder ein Benziner? |
| Can you tell me how I get to Westbury? | Können Sie mir sagen, wie ich nach Westbury komme? |
| I've *lost my way / taken a wrong turning somewhere*. | Ich *habe mich verfahren / bin irgendwo falsch abgebogen*. |
| Where can we park free of charge? | Wo können wir kostenlos parken? |

BE = *petrol*
AE = *gas*

| | | |
|---|---|---|
| Is it safe to leave the car here? | Kann man hier sein Auto unbesorgt abstellen? | Ein- und Aussteigen bei Autos: *get in(to) and out of a car* |
| I've had a breakdown. | Ich habe eine Panne. | |
| Can you call a *breakdown / recovery* service for me? | Können Sie mir einen Pannendienst rufen? | |
| We're stuck in a traffic jam. | Wir stehen im Stau. | |
| The road is closed and there's a diversion. | Die Straße ist gesperrt und es gibt eine Umleitung. | |
| A *single / return* to London, please. | Eine *Einzelfahrkarte / Hin- und Rückfahrkarte* nach London, bitte. | Ein- und Aussteigen bei Zügen, Bussen und Flugzeugen: *get on and off a train / bus / plane* |
| Two to the main station, please. | Zwei Fahrkarten zum Hauptbahnhof, bitte. | |
| What's the cheapest ticket? | Welche ist die günstigste Fahrkarte? | |
| Which platform does the train to Leeds leave from? | Von welchem Bahnsteig geht der Zug nach Leeds? | BE = *platform* <br> AE = *track* |
| Is the ticket valid for the whole network? | Gilt die Fahrkarte im gesamten Netzbereich? | |
| I'm afraid I can't work the ticket machine. Can you help me, please? | Ich komme mit dem Fahrkartenautomaten nicht zurecht. Können Sie mir bitte helfen? | |
| Does this bus go to Truro? | Fährt dieser Bus nach Truro? | |
| Can you tell me where to get off? | Können Sie mir sagen, wo ich aussteigen muss? | |
| Do I have to change to get to the British Museum? | Muss ich umsteigen, um zum British Museum zu kommen? | |
| Which train stops at Deal? | Welcher Zug hält in Deal? | |

> **Gut zu wissen!**
> Für die Einreise ins Vereinigte Königreich und nach Irland benötigen Sie lediglich einen Personalausweis oder Reisepass. Um in die USA einzureisen, brauchen Sie neben einem gültigen Reisepass auch eine ESTA-Genehmigung, die Sie online beantragen können: https://esta.cbp.dhs.gov/esta/ (Stand Mai 2013)

# K

**Urlaub und Reise**

### 43 We want to do some sightseeing
### Ausflüge und Besichtigungen

| | |
|---|---|
| We're here for a couple of days … | Wir sind ein paar Tage hier … |
| … and want to do some sightseeing. | … und wollen uns ein paar Sehenswürdigkeiten anschauen. |
| … and would like to see a bit of the *city / area / region*. | … und möchten etwas von der *Stadt / Gegend / Region* sehen. |
| What is there to see and do round here? | Was gibt es hier in der Gegend zu sehen und zu tun? |
| Can you *suggest / recommend* anything? | Können Sie etwas *vorschlagen / empfehlen*? |
| What are the main sights? | Was sind die wichtigsten Sehenswürdigkeiten? |
| What is there of special interest? | Gibt es etwas besonders Interessantes dort? |
| What excursions can we *make / do*? | Welche Ausflüge können wir unternehmen? |
| We're not culture vultures. | Wir sind keine Kulturfanatiker. |
| We're not into historical stuff and traditional sightseeing. | Wir haben es nicht so mit historischem Zeug und traditionellen Sehenswürdigkeiten. |
| We're looking for something a bit *out of the ordinary / whacky*. | Wir suchen ein bisschen 'was *Besonderes / Schräges*. |
| Can we *go on / take* a guided tour? | Können wir eine Führung mitmachen? |

*Viele nützliche Sätze zum Thema Unternehmungen gibt es auch in Kapitel 33.*

*go on / take a tour*, aber nicht ~~make a tour~~

| | |
|---|---|
| Do you have *any leaflets / a guide(book)* in German? | Haben Sie *Prospekte / einen Führer* auf Deutsch? |
| What are the opening hours? | Wie sind die Öffnungszeiten? |
| When is the next tour? | Wann ist die nächste Führung? |
| How far is it? | Wie weit ist es? |
| How long does it take (to get there)? | Wie lang braucht man (um dahin zu kommen)? |
| How long does the bus tour *last / take*? | Wie lange dauert die Busrundfahrt? |
| How much does it cost? | Wie viel kostet es? |
| What is the entrance fee? | Was kostet der Eintritt? |
| Are there reductions for *children / students / senior citizens*? | Gibt es Ermäßigungen für *Kinder / Studenten / Senioren*? |
| There's a *famous / well-known* … | Es gibt ein(e) *berühmte(s) / bekannte(s)* … |
| … *castle / cathedral / monument*. | … *Schloss / Kathedrale / Denkmal*. |
| … *(open-air) museum / old town*. | … *(Freilicht-)Museum / Altstadt*. |
| There is a festival on at the moment. | Zurzeit findet ein Festival statt. |
| There's a *river / nature reserve / bird sanctuary / national park*. | Es gibt ein(en) *Fluss / Naturschutzgebiet / Vogelschutzgebiet / Nationalpark*. |
| There are boat trips *out to the island / round the harbour*. | Es gibt Bootsausflüge *zur Insel hinaus / rund um den Hafen*. |
| You can walk to the island at low tide. | Man kann bei Ebbe zur Insel laufen. |

Mit *castle* kann ein Schloss oder eine Burg gemeint sein.

AE = *harbor*

> **Gut zu wissen!**
> Beachten Sie die unterschiedlichen Übersetzungen von „dauern" im Englischen:
> - „dauern" im Sinne von „anhalten, währen": *The film **lasts** 90 minutes.* (Der Film dauert 90 Minuten.)
> - „dauern" im Sinne von „Zeit erfordern": *The film **takes** 90 minutes.* (Der Film dauert 90 Minuten.)

# K

## Urlaub und Reise

### 44 I have an appointment for a massage
Wellness und Erholung

Die Entsprechung für das deutsche „Wellness"-Konzept lautet im Englischen in der Regel *spa*. Das englische *wellness* wird eher mit Gesundheit und (Alternativ-)Medizin in Verbindung gebracht. Zunehmend findet man den Begriff aber auch in ähnlicher Bedeutung wie im Deutschen.

| | |
|---|---|
| Does the hotel have *a spa / a sauna / a steam bath / an infrared sauna*? | Hat das Hotel *ein Wellness-Zentrum / eine Sauna / ein Dampfbad / eine Infrarotkabine*? |
| Do you have a room for *yoga / meditation*? | Haben Sie einen *Yoga- / Meditations*raum? |
| Is there a day spa anywhere near? | Gibt es ein Tages-Spa in der näheren Umgebung? |
| What sort of *massages / cosmetic treatments* do you offer? | Welche *Massagen / Kosmetikanwendungen* bieten Sie an? |
| Do you offer *ayurveda / acupressure / medical massages*? | Bieten Sie *Ayurveda- / Akupressur- / medizinische Massagen* an? |
| The spa includes a swimming pool with a heated outdoor pool, as well as a *jacuzzi / floatation tank*. | Der Wellnessbereich umfasst ein Schwimmbad mit beheiztem Außenbecken sowie einen *Whirlpool / Floating-Tank*. |
| Do you provide bathrobes and flip flops (free of charge). | Werden Bademäntel und Badesandalen (kostenlos) zur Verfügung gestellt? |
| Do I need to bring a towel? | Muss ich ein Handtuch mitbringen? |
| When is the *sauna / spa / pool* open? | Wann hat *die Sauna / der Wellnessbereich / der Pool* geöffnet? |
| Do I need to book an appointment? | Muss ich einen Termin vereinbaren? |

| | |
|---|---|
| I'd like *a pedicure / a manicure / a fango pack / a whole-body peeling*. | Ich hätte gern *eine Pediküre / eine Maniküre / eine Fangopackung / ein Ganzkörper-Peeling*. |
| I'd like to book the detox programme. | Ich möchte gern das Entgiftungsprogramm buchen. |
| I have an appointment for a massage. | Ich habe einen Termin für eine Massage. |
| I have *an aromatherapy / a reflexology* session at 11.30. | Ich habe um 11.30 Uhr einen Termin für eine *Aromatherapie / Fußreflexzonenmassage*. |
| I have a voucher for a seaweed bath treatment. | Ich habe einen Gutschein für ein Meeresalgenbad. |
| Do you have skincare products for people with allergies? | Haben Sie Hautpflegeprodukte für Allergiker? |
| What *sauna oils / infusions* are used? | Welche Saunaaufgüsse werden verwendet? |
| Is there also a ladies-only sauna? | Gibt es auch eine Damensauna? |
| Please be careful when you get to my left foot. | Seien Sie bitte vorsichtig, wenn Sie meinen linken Fuß behandeln. |
| I have some *muscle tension / pain* in my back. | Ich habe *Muskelverspannungen / Schmerzen* im Rücken. |
| After practising yoga I feel fantastic. | Nach dem Yoga geht es mir immer super. |
| I find a good massage really relaxing. | Am besten entspanne ich bei einer guten Massage. |

Die Vorsilbe *de-* drückt aus, dass etwas entfernt wird. Sie findet sich z. B. auch in *decaff* (koffeinfreier Kaffee) und *debug* (Fehler in Computerprogrammen beseitigen).

Erkundigen Sie sich im Ausland am besten im Voraus nach den Saunaregeln, um Fettnäpfchen zu vermeiden.

**Gut zu wissen!**
Auf den Britischen Inseln und in den USA gilt es als unhöflich, wenn man einen Liegestuhl – so wie in Deutschland durchaus üblich – mit einem Handtuch für sich reserviert und ihn dann aber nicht benutzt. Seien Sie also nicht überrascht, wenn jemand in Ihrer Abwesenheit das Handtuch beiseitegeräumt hat und nun auf „Ihrem" Stuhl liegt.

# L
## Am Telefon

### 45 Hello, it's Martina
### Private Telefonate

Die angerufene Person meldet sich meist nur mit einem simplen *hello*.

| | |
|---|---|
| Hello, it's Martina from Germany here. | Hallo, hier spricht Martina aus Deutschland. |
| Good to hear from you again. | Schön, wieder von dir zu hören. |
| This is a nice surprise. | Das ist aber eine schöne Überraschung. |
| It's been a long time, hasn't it? | Das ist ja lange her. |
| I haven't heard from you for a while. | Ich habe eine ganze Weile nichts von dir gehört. |
| Anyway, how are things? | Nun, wie geht's denn so? |
| I'm *phoning / calling* because … | Ich rufe an, weil … |
| I'm planning a trip over (*to Britain / to the States*). | Ich plane rüberzukommen (*nach Großbritannien / in die Staaten*). |
| I was thinking of coming to see you. | Ich würde dich gerne besuchen. |
| I just wanted to say hello. | Ich wollte einfach hallo sagen. |
| I feel a bit bad about not keeping in touch. | Ich habe fast ein schlechtes Gewissen, weil ich mich nicht gemeldet habe. |
| No worries. | Kein Problem. |
| Hi, it's me. | Hallo, ich bin's. |
| Do you have a moment? | Hast du einen Moment? |
| Is this a good time for you? | Passt es dir jetzt? |
| I hope I'm not interrupting something. | Ich hoffe, ich störe nicht gerade. |

Auch wenn es grammatisch unrichtig klingt, heißt es *it's me*, nicht *it's I*.

| | |
|---|---|
| I hope I'm not calling in the middle of dinner. | Ich hoffe, ich rufe nicht mitten beim Abendessen an. |
| Is Jackie there? Can I have a quick word with her? | Ist Jackie da? Kann ich kurz mit ihr sprechen? |
| I'm afraid she's not here. She's just gone out. But you can get her on her *mobile / cell*. | Tut mir leid, sie ist gerade ausgegangen. Aber du erreichst sie auf ihrem Handy. |
| Can you ask her to call me back? | Kannst du sie bitten, mich zurückzurufen? |
| It's a bit awkward at the moment. Can I call back? | Es passt im Moment nicht so gut. Kann ich zurückrufen? |
| How late can I call? | Bis wann kann ich anrufen? |
| Six o'clock my time or yours? | Sechs Uhr meine Zeit oder deine? |
| I'm at home. Can you call me on my landline? Do you have the number? | Ich bin zu Hause. Kannst du mich auf dem Festnetz anrufen? Hast du die Nummer? |
| I have a new *mobile / cell* number. | Ich habe eine neue Handynummer. |
| My battery is low. | Mein Akku geht zu Ende. |
| I haven't got a very good signal. | Ich habe kein sehr gutes Signal. |
| Sorry, I lost you. | Tut mir leid, du warst auf einmal weg. |
| I can't hear you very well. | Ich höre dich nicht gut. |
| I can hear you alright. Can you hear me? | Ich höre dich gut. Kannst du mich hören? |
| I'm going to hang up and call again. | Ich lege auf und rufe noch einmal an. |

BE = *mobile (phone)*
AE = *cell (phone)*
Auf keinen Fall ~~handy~~. Handy ist ein Adjektiv und bedeutet „praktisch".

Vorsicht: Vergewissern Sie sich bei zeitlichen Absprachen mit Gesprächspartern aus Großbritannien oder den USA immer, auf welche Zeit man sich bezieht.

> **Gut zu wissen!**
> Mit englischsprachigen Freunden verabreden Sie sich folgendermaßen (via SMS oder Chat) zum „Skypen":
> *Wanna skype tonight?* (Willst du heute Abend skypen?)
> oder *Skype me, my user id / skype name is Hueby85737.*
> (Skype mit mir, mein Nutzername / Skype-Name ist Hueby85737).

# L
## Am Telefon

## 46 This is Jane Riggs speaking
### Geschäftliche Telefonate

In den englischsprachigen Ländern ist es nicht üblich, dass man sich nur mit dem Nachnamen meldet.

| | |
|---|---|
| Good afternoon, Melton Electronics. How can I help you? | Guten Tag, Melton Electronics. Wie kann ich Ihnen helfen? |
| Trubix UK, hello. Jane Riggs speaking. | Trubix UK. Jane Riggs am Apparat. |
| This is Bernd Meyer *calling / phoning* from Hamburg. | Hier spricht Bernd Meyer, ich rufe aus Hamburg an. |
| It's Mark Foster from Redmax here. How are things? | Hier ist Mark Foster von der Firma Redmax. Wie geht's? |
| *Can I / I'd like to* speak to Sharon Miles, please. | *Kann ich bitte / Ich würde gern* mit Sharon Miles sprechen. |
| I'll put you through. | Ich stelle Sie durch. |
| Is Martin there? – Just a moment, I'll get him for you. | Ist Martin da? – Einen Augenblick. Ich hole ihn. |
| Your name has been given to me by a colleague. | Ihren Namen habe ich von einer Kollegin. |
| Your company has been recommended to me. | Ihr Unternehmen ist mir empfohlen worden. |
| We met at the trade fair in Munich. | Wir haben uns auf der Messe in München kennengelernt. |
| What can I do for you? | Was kann ich für Sie tun? |
| Can I just ask what it's about? | Darf ich fragen, worum es geht? |
| I'm *calling / phoning* about your latest order. | Ich rufe wegen Ihrer letzten Bestellung an. |
| I'm trying to sort out a problem *about / with* the latest payment. | Ich versuche, ein Problem mit der letzten Zahlung in Ordnung zu bringen. |

Beachten Sie die Zukunftsform mit *'ll*. Nicht: *I get him*.

| | |
|---|---|
| I'd like to make an appointment. | Ich möchte einen Termin vereinbaren. |
| I'd like to *fix / set up* a meeting. | Ich möchte ein Treffen vereinbaren. |
| Are you the right person to ask? | Sind Sie (dafür) zuständig? |
| If you hold just a moment, I'll find someone who can help you. | Wenn Sie einen Moment dranbleiben, finde ich jemanden, der Ihnen helfen kann. |
| Can I give you my number? The country code is 49, the area code is 757, and my number is … | Ich gebe Ihnen meine Nummer. Die Ländervorwahl ist 49, die Vorwahl 757, und meine Nummer ist … |
| Sorry, I didn't quite catch that. | Das habe ich leider nicht ganz mitbekommen. |
| Sorry, we were cut off. | Die Verbindung wurde leider unterbrochen. |
| We apologize for the delay. | Bitte entschuldigen Sie die Verzögerung. |
| Please hold. One of our customer service team will be with you shortly. | Bitte bleiben Sie am Apparat. Einer unserer Kundenberater wird Ihren Anruf gleich entgegennehmen. |
| I'm afraid something has come up. I have to *postpone / cancel* our appointment. | Es ist leider etwas dazwischen gekommen. Ich muss unseren Termin *verschieben / absagen*. |
| Another meeting has been cancelled, so we could bring forward our meeting. | Eine andere Sitzung fällt aus, sodass wir unser Treffen vorziehen könnten. |

*direct line* oder *extension* = Durchwahl
*My direct line is 6987. / I'm on extension 6987.*

Viele weitere nützliche Sätze sicherzugehen, ob man alles verstanden hat, finden Sie in Kapitel 7. Und wenn's mal an der Verbindung hapert, werfen Sie einen Blick auf die Seite 95 im vorangegangenen Kapitel.

> **Gut zu wissen!**
> Wenn Sie mit Ihren englischen oder amerikanischen Geschäftspartnern telefonieren, denken Sie daran, dass Smalltalk – unter einander bereits bekannten Personen – ein wichtiger Schritt ist, bevor man auf das Geschäftliche zu sprechen kommt. Dazu eignen sich beispielsweise Wendungen aus den Kapiteln 2 und 10.

## L
### Am Telefon

### 47 Can I take a message?
### Eine Nachricht hinterlassen

| | |
|---|---|
| I'm afraid Ms Bergman is not available. She is … | Frau Bergman ist leider nicht erreichbar. Sie ist … |
| … in a meeting / on a business trip / otherwise engaged. | … in einer Sitzung / auf Geschäftsreise / beschäftigt. |
| … at lunch / not at her desk / out of the office. | … in der Mittagspause / nicht an ihrem Platz / nicht im Büro. |
| Can I take a message? | Kann ich etwas ausrichten? |
| Do you want to leave a message? | Wollen Sie eine Nachricht hinterlassen? |
| Would you like her to call you back? | Soll sie zurückrufen? |
| Yes please, that would be very kind. | Ja, bitte. Das wäre nett. |
| I'll try again later. | Ich versuche es später noch einmal. |
| I'm going to be a bit difficult to get hold of. | Ich werde etwas schwer zu erreichen sein. |
| I'm going to be in and out of meetings. | Ich habe (jetzt) eine Reihe von Sitzungen. |
| What time will she be back? | Um wie viel Uhr ist sie wieder da? |
| You could try in maybe half an hour. | Sie könnten es vielleicht in einer halben Stunde versuchen. |
| I'm afraid I'm not sure when she's likely to be back. | Ich bin mir leider nicht sicher, wann sie wieder da sein wird. |

Nicht: *Would you like that …?*

| | |
|---|---|
| Could you just tell him I called? | Könnten Sie ihm einfach ausrichten, dass ich angerufen habe. |
| Would you ask him to get back to me? | Würden Sie ihn bitten, sich bei mir zu melden? |
| Does he have your number? | Hat er Ihre Nummer? |
| Is it the number here on my display? | Ist es die Nummer hier auf meinem Display? |
| Just a moment. I have to get something to write with. | Einen Moment. Ich muss etwas zum Schreiben holen. |
| OK, please go ahead. | Gut, bitte fahren Sie fort. |
| Sorry, was that 9609? | Entschuldigung, war das 9609? |
| Sorry, did you say Q as in Queen? | Entschuldigung, sagten Sie Q wie in Queen? |
| Can I just read that back to you? | Kann ich das kurz wiederholen? |
| This is Rebecca's voicemail. I am away until 27th May. | Hier ist Rebeccas Sprachbox. Ich bin bis zum 27. Mai verreist. |
| This is Mike Lawton calling for Sandra Dhein. Could she check her emails and then get back to me, please? | Hier spricht Mike Lawton mit einer Nachricht für Sandra Dhein. Könnte sie bitte ihre E-Mails ansehen und sich mit mir in Verbindung setzen? |
| My number again just in case is ... | Hier vorsichtshalber noch einmal meine Nummer: ... |
| Hi Mike, this is Lisa. I'll be here till about 7 this evening. | Hallo Mike, hier spricht Lisa. Ich bin bis etwa 19.00 Uhr hier. |

Zum Buchstabieren siehe auch die hintere Umschlaginnenseite.

> **Gut zu wissen!**
> Telefonnummern gibt man als Einzelziffern an, es sei denn die gleiche Zahl wird wiederholt:
> 0451-5746889 = *oh* bzw. *zero four five one – five seven four six* **double eight** *nine*
> Drei aufeinanderfolgende Achten heißen: *triple eight*.

# L
## Am Telefon

### 48 I'd like to book a table
### Reservieren und bestellen

Nützliche Sätze für den Besuch im Restaurant stehen in Kapitel 34.

Beachten Sie die Präposition:
*In what name?*
*We have a reservation in the name of Meyer.*

| | |
|---|---|
| I'd like to *book / reserve* a table. | Ich möchte einen Tisch reservieren. |
| A table for four at 7.30. | Ein Tisch für vier Personen um 19.30 Uhr. |
| In what name, please? | Auf welchen Namen bitte? |
| We'd like a table in a quiet part of the restaurant, please. | Wir hätten gern einen Tisch in einem ruhigen Teil des Restaurants. |
| Do you have a table outside? | Haben Sie einen Tisch draußen? |
| I'm sorry, but we're fully booked. | Wir sind leider ausgebucht. |
| The earliest I can offer is nine. | Das Früheste, was ich anbieten kann, ist 21.00 Uhr. |
| Are you sure you can't fit us in? | Ist wirklich gar nichts mehr frei? |
| I'd like to order something to eat. | Ich möchte etwas zum Essen bestellen. |
| Two salami pizzas, please. | Zwei Pizza Salami bitte. |
| Number 37 and number 69, please. | Die Nummer 37 und die 69, bitte. |
| The delivery address is 39 Weston Street and the name is Meyer. | Bitte liefern Sie das Essen in die Weston Street 39 zu Meyer. |
| Can I have a mobile number, please? | Kann ich bitte Ihre Handynummer haben? |
| It'll be about 40 minutes, cash on delivery. | Es dauert circa 40 Minuten. Bezahlung bei Lieferung. |

Sprechen Sie *pizza* im Englischen mit einem langen i aus.

AE = *cellphone number*

| | | |
|---|---|---|
| I'd like to book a taxi, please. | Ich möchte ein Taxi bestellen. | |
| For tomorrow morning, to the airport. | Für morgen früh, zum Flughafen. | |
| Four people and their luggage. | Vier Personen und ihr Gepäck. | |
| What's the address? | Wie lautet die Adresse? | |
| Can you give me the postcode, please? | Geben Sie mir bitte die Postleitzahl. | AE = *zipcode* |
| How long is it likely to take? | Wie lange werden wir voraussichtlich brauchen? | |
| I'd like to be there by 7.15 at the latest. | Ich möchte bis spätestens 7.15 Uhr dort sein. | |
| We'll pick you up at 6.30. | Sie werden um 6.30 Uhr abgeholt. | |
| Do you have a *vacancy / room* for tonight? | Haben Sie ein freies Zimmer für heute Nacht? | Zum Thema Hotel bzw. Unterkunft siehe auch Kapitel 36. |
| What time do you expect to arrive? | Wann werden Sie in etwa ankommen? | |
| Two tickets for the 8 pm screening, please. | Zwei Karten für die 20-Uhr-Vorstellung, bitte. | |
| Can I have your name and credit card details, please? | Ihr Name und Ihre Kreditkartenangaben bitte. | |
| Do you have any tickets left for this evening? | Haben Sie noch Karten für heute Abend? | |
| I have two seats together in row 14 and the first balcony. | Ich habe zwei Plätze in Reihe 14 und im ersten Rang. | BE = *first balcony* AE = *mezzanine* |
| Where do we have the best view of the *stage / screen*? | Wo haben wir die beste Sicht auf die *Bühne / Leinwand*? | |
| We'll take the ones in the balcony. | Wir nehmen die im Rang. | |

> **Gut zu wissen!**
> Bei Reservierungen und Bestellungen ist das Wort „bis"
> oft wichtig. Die zwei wichtigsten Entsprechungen sind:
> • so lange bis: *until* oder *till* (*I'll wait until / till you arrive.*)
> • bis spätestens: *by* (*We must be there by 7.30.*)

# M

## Medien und Kommunikation

Die folgenden Einträge sind zur besseren Orientierung in alphabetischer Reihenfolge angegeben.

Nicht verwechseln mit *ATM = automated teller machine* (Geldautomat).

### 49 GR8
### SMS und Messaging

| | |
|---|---|
| ABT = about | über, von |
| ASAP = as soon as possible | so bald wie möglich |
| ATB = all the best | alles Gute / viel Glück |
| ATM = at the moment | im Augenblick |
| BC / BCOS = because | weil |
| B4 = before | vor(her) |
| BTW = by the way | übrigens |
| CLD = could | könnte(n) |
| CT = can't talk | kann nicht reden |
| FBM = fine by me | von mir aus |
| 4U = for you | für dich |
| GD = good | gut |
| GN / GN8 = good night | gute Nacht |
| GR8 = great | großartig |
| HAND = have a nice day | schönen Tag |
| HRU = how are you? | wie geht's? |
| ILU / ILY = I love you | ich liebe dich |
| IMU / IMY = I miss you | ich vermisse dich |
| KIT = keep in touch | wir bleiben in Kontakt |
| L8R = later | später |
| LMK = let me know | sag Bescheid |
| MSG = message | Nachricht / SMS |
| MTF = more to follow | es kommt noch mehr |
| M2 = me too | ich auch |
| ONL = online | online |

| | | |
|---|---|---|
| OTP = on the phone | am Telefon | In Kapitel 50 finden Sie viele weitere Abkürzungen, die auch beim Simsen verwendet werden können. |
| PCM = please call me | ruf bitte an | |
| PLMK = please let me know | sag bitte Bescheid | |
| PLS / PLZ = please | bitte | |
| RGDS / RX = regards | Grüße | |
| RLY = really | echt, wirklich | |
| RU OK = are you OK? | geht's dir gut? | |
| SRY = sorry | tut mir leid | |
| SIMYC = sorry I missed your call | tut mir leid, dass ich deinen Anruf verpasst habe | |
| TBL = text back later | ich simse später zurück | |
| THX / THNX = thanks | danke | |
| TMB = text me back | sims zurück | |
| TMRW / 2MORO = tomorrow | morgen | |
| 2DAY = today | heute | |
| 2L8 = too late | zu spät | |
| 2NITE = tonight | heute Abend/Nacht | |
| TU / TY = thank you | danke schön | |
| UW / YW = you're welcome | gern geschehen | |
| VRY = very | sehr | |
| W8 = wait | warte | |
| WE = weekend | Wochenende | |
| XOXO = hugs and kisses | sei umarmt | X steht für die Küsse (*kisses*) und O für die Umarmungen (*hugs*). |
| YD = yesterday | gestern | |

**Gut zu wissen!**
Die Abkürzungen in Kurznachrichten – *texts* oder *text messages* – werden meist aus den Anfangsbuchstaben mehrerer Wörter gebildet oder stellen Wörter dar, die lautmalerisch durch Zahlen ersetzt (2 = *to*, 4 = *for*, …) und/oder ohne Vokale dargestellt werden.
„Jemandem simsen" übersetzt man übrigens mit *text someone*: *Text me when you arrive.* (Schreib mir eine SMS, wenn du angekommen bist.)

# M

**Medien und Kommunikation**

## 50 Come on facebook chat
### Chatten und soziale Netzwerke

Viele der in Kapitel 49 genannten Kürzel werden natürlich auch in Chats und Posts verwendet.

| | |
|---|---|
| Come on facebook chat. | Komm in den Facebook-Chat. |
| Do you want to chat? | Willst du chatten? |
| Google chat on Saturday? | Google-Chat am Samstag? |
| Post it on your wall. | Poste es auf deiner Seite. |
| Share this link. | Teile diesen Link. |
| It appeared in my news feed. | Es erschien in meinem News Feed. |

Mit @ können Sie in einem größeren Chat deutlich machen, an wen genau der Beitrag sich richtet: *@ John: Did you …* (für John: Hast du …).

| | |
|---|---|
| @ = at | an, für |
| AFC = away from computer / AFK = away from keyboard | nicht am Computer |
| BG = big grin | großes Grinsen |
| BRB = be right back | bin gleich zurück |
| B4N = bye for now | tschüss erstmal |
| CUL8R = see you later | bis nachher |
| CWYL = chat with you later | Wir chatten später. |

Mit *epic fail* (wörtlich „monumentaler Fehler") werden im Netz peinliche Fehler oder Fehlentscheidungen kommentiert.

| | |
|---|---|
| epic fail | epic fail / megapeinlicher Fehler |
| (2)EZ = (too) easy | (zu) einfach |
| FB = Facebook | Facebook |
| FW = forward | weiterleiten |
| GB = goodbye | tschüss |
| GGL = giggle | grins |
| GL = good luck | viel Glück |
| G2G = got to go | (ich) muss gehen |
| IB = I'm back | bin zurück |

| | | |
|---|---|---|
| IDK / IDUNNO = I don't know | (ich) weiß nicht | |
| IM(H)O = in my (humble) opinion | meiner (bescheidenen) Meinung nach | |
| JK = just kidding | war nur Spaß | |
| KK = okay | okay | |
| LOL = laughing out loud | ich muss laut lachen / hahaha | Vulgärer ist *LMAO = laughing my ass off* (wörtlich etwa „ich lach mir den Hintern ab"). |
| M8 = mate | Kumpel | |
| N1 = nice one | schön | |
| NO1 = no one | niemand | |
| NOOB = newbie | Noob (= blutiger Anfänger, Nichtskönner) | Wird im Netz fast immer abwertend verwendet (vor allem in der Videospiel-Szene). |
| NP = no problem | kein Problem | |
| OMG = oh my God | oh mein Gott | |
| PEEPS / PPL = people | Leute | |
| PIC = picture | Bild | |
| ROFL = rolling on the floor laughing | ich wälze mich vor Lachen am Boden | |
| RL = real life | im echten Leben | |
| SRSLY = seriously | ernsthaft | |
| TTYL = talk to you later | wir sprechen uns später | |
| WAN2 = want to | wollen | |
| WTH = what the hell? | was zum Teufel? | Sehr viel gebräuchlicher, aber auch sehr vulgär: *WTF = what the f\*ck*. |
| WUU2? = what (are) you up to? | was machst du so? | |
| Y? = why? | warum? | |

> **Gut zu wissen!**
> Die sozialen Netzwerke haben zu neuen Wortschöpfungen beigetragen:
> *(to) post* = posten, d. h. einen Beitrag veröffentlichen
> *(to) like* = liken, d. h. den „Gefällt-mir-Knopf" drücken
> *(to) add* = adden, d. h. jemanden in die Kontaktliste aufnehmen

# M

**Medien und Kommunikation**

## 51 Thank you for your mail
### Mailen und digitale Daten tauschen

Bei mehreren Empfängern: *Dear All* (formell) oder *Hello Everyone* (informell).

Mögliche Schreibweisen: *e-mail, email, mail*

Hinweise zu förmlicherer Korrespondenz finden Sie in Kapitel 52.

| | |
|---|---|
| Dear *Mr / Mrs / Ms* Smith, | Sehr geehrte(r) *Herr / Frau / Frau* Smith, |
| *Dear Jack / Dear Pat,* | *Lieber Jack / Liebe Pat,* |
| *Hello / Hi* Sam, | Hallo Sam, |
| Thanks for your *message / (e)mail*. | Danke für Ihre *Nachricht / E-Mail*. |
| This is just a short *mail / note* to bring you up to date. | Dies ist nur eine kurze *Mail / Nachricht*, um Sie über den aktuellen Stand zu informieren. |
| I'm attaching the relevant file. | Ich hänge die betreffende Datei an. |
| The exact details are in the attached PDF. | Die genauen Einzelheiten sind in der angehängten PDF. |
| I'm afraid you forgot the attachment. | Sie haben leider den Anhang vergessen. |
| I'm afraid I can't open the file. | Ich kann leider die Datei nicht öffnen. |
| Can you *send it again / try a different format*, please? | Kannst du *sie noch einmal senden / ein anderes Format probieren*? |
| I'm copying Anna Benz in because she is responsible for … | Ich setze Anna Benz CC, weil sie für … verantwortlich ist. |
| Would you please forward this to whoever needs to see it? | Würden Sie das bitte an alle Betroffenen weiterleiten? |
| This is strictly confidential. | Dies ist streng vertraulich. |

| | | |
|---|---|---|
| This is just between you and me. | Das geht nur uns beide an. | |
| I'm sorry for the delay in getting back to you. | Bitte entschuldigen Sie, dass ich erst so spät antworte. | |
| I look forward to hearing from you soon. | Ich freue mich, bald von Ihnen zu hören. | Wenn das Anliegen dringlicher ist: *as soon as possible* (häufig mit *asap* abgekürzt). |
| Please get back to me if there are any *problems / questions*. | Bitte melden Sie sich, falls es *Probleme / Fragen* gibt. | |
| *Best / Kind* regards, | Mit freundlichen Grüßen | |
| *Best wishes / All the best,* | Mit den besten Wünschen | |
| Check this out on YouTube. Here is the link. | Schau dir das auf YouTube an. Hier (ist) der Link. | |
| This is the website address. | Das ist die Webadresse. | |
| I'll upload the pictures onto the server. | Ich lade die Bilder auf den Server hoch. | |
| I'll put the photos onto my cloud and turn sharing on for you. | Ich lege die Fotos in meine Cloud und gebe sie für dich frei. | |
| I'm having problems logging *on / in*. | Ich habe Probleme, mich einzuloggen. | |
| The password box is case-sensitive. | Beim Passwortfeld auf Groß- und Kleinschreibung achten. | *upper case* = Großschreibung *lower case* = Kleinschreibung |
| I keep getting this error message. | Ich bekomme ständig diese Fehlermeldung. | |
| Has the latest update been installed? | Ist das neueste Update schon installiert? | |
| Have you synced yet? | Hast du schon synchronisiert? | |

> **Gut zu wissen!**
> So lauten die gängigen Symbole und Kürzel in E-Mail- und Web-Adressen:
> @ = *at* [æt]                           . = *dot* [dɒt]
> - = *hyphen* [ˈhaɪfən]                  _ = *underscore* [ˌʌndəˈskɔː]
> \ = *backslash* [ˈbækˌslæʃ]             / = *forward slash* [ˈfɔːwəd slæʃ]
> co.uk = *CO dot UK*                     com = *com* [kɒm]
> [kəʊ dɒt juːˈkeɪ]

# M
## Medien und Kommunikation

## 52 We're having a great time
### Briefe und Karten schreiben

Wenn der Adressat gänzlich unbekannt ist, verwendet man – vor allem im AE – *To whom it may concern* (An alle, die es betrifft).

Natürlich beschränken sich diese Satzbeispiele nicht auf Briefe: Sie können sie ebenso gut in formellen E-Mails verwenden.

*encs* (Abkürzung für *enclosures*) = Anhänge

*Yours faithfully* bzw. *truly* ist sehr förmlich und wird nur bei unbekannten Adressaten verwendet.

| | |
|---|---|
| Dear Sir or Madam, | Sehr geehrte Damen und Herren, |
| For the attention of (ATTN) … | Zu Händen (z. Hd.) … |
| I am writing to … | Ich schreibe, um … |
| … enquire whether … | … mich zu erkundigen, ob … |
| … thank you for … | … Ihnen für … zu danken. |
| … confirm that … | … zu bestätigen, dass … |
| … advise you of … | … Sie von … zu unterrichten. |
| … express my dissatisfaction with … | … Ihnen mitzuteilen, dass ich unzufrieden mit … bin. |
| *Further / With reference* to our phone call of last Wednesday … | In Bezugnahme auf unser Telefongespräch vom letzten Mittwoch … |
| I *enclose / am enclosing* … | Ich füge … bei. |
| I am pleased to be able to tell you that … | Ich freue mich, Ihnen sagen zu können, dass … |
| I regret to inform you that … | Ich bedauere, Ihnen mitteilen zu müssen, dass … |
| I am sorry for any inconvenience caused. | Ich entschuldige mich für jegliche Unannehmlichkeiten, die Ihnen daraus entstanden sind. |
| If I can be of any further assistance, please do not hesitate to contact me. | Für weitere Fragen stehe ich Ihnen jederzeit gerne zur Verfügung. |
| Yours *faithfully (BE) / truly (AE)*, | Mit freundlichen Grüßen |

| | | |
|---|---|---|
| *Yours sincerely (BE) / Sincerely (yours) (AE),* | Mit freundlichen Grüßen | |
| Hello from Miami! | Hallo aus Miami! | Jetzt wird es lockerer: Es folgen Wendungen für Post- und Grußkarten, die natürlich auch elektronisch versendet werden können. |
| We're having a great time. | Wir haben eine tolle Zeit. | |
| The weather is *fantastic / awful*. | Das Wetter ist *fantastisch / schrecklich*. | |
| The beach is superb. | Der Strand ist hervorragend. | |
| The people are really friendly. | Die Menschen sind wirklich freundlich. | |
| I'm not missing the office one bit. | Die Arbeit fehlt mir kein bisschen. | |
| We've seen a lot and spent far too much money. | Wir haben viel gesehen und viel zu viel Geld ausgegeben. | |
| I hope all's well with you. | Ich hoffe, bei euch ist alles in Ordnung. | |
| We're looking forward to seeing you when we get back. | Wir freuen uns schon auf euch, wenn wir wieder da sind. | Nicht: *We're looking forward to see* ... Auf *look forward to* folgt die *-ing*-Form. |
| Thanks again for looking after the *cat / plants*. | Danke noch einmal, dass du dich um die *Katze / Pflanzen* kümmerst. | |
| Enjoy your birthday! | Genieß deinen Geburtstag! | Standardwendungen für Grußkarten finden Sie auch in Kapitel 21. Und die richtigen Worte für weniger fröhliche Anlässe finden Sie in Kapitel 22. |
| Have a great day. | Ich wünsche dir einen schönen Tag. | |
| We'll be thinking of you. | Wir denken an dich. | |
| We'll be in touch. | Wir melden uns. | |

> **Gut zu wissen!**
> Im Zuge der Verbreitung der neuen Medien werden auch schriftliche Umgangsformen immer weniger förmlich. Bei neuen Kontakten empfiehlt es sich trotzdem, zunächst nicht zu umgangssprachlich zu formulieren und sich an den Stil der Kommunikationspartner anzupassen.

# KÖRPERSPRACHE UND GESTEN

Verallgemeinerungen sind immer schwierig und riskant, aber insgesamt kann man sagen, dass Briten eher sparsamer mit Gesten und Gesichtsausdrücken umgehen, als Amerikaner.
Ein Amerikaner wird durchaus den Arm um Ihre Schulter legen oder Ihnen auf den Rücken klopfen. So etwas finden Briten eher befremdlich, legen sie doch mehr Wert auf räumliche Distanz.

Vor allem negative Reaktionen wie beispielsweise Abneigung oder Betroffenheit sieht man den Briten kaum an. Entweder der Gesichtsausdruck verändert sich überhaupt nicht – eine Haltung, die als *stiff upper lip* bezeichnet wird (siehe Seite 49). Oder es folgt unter Beibehaltung eines frostigen Lächelns *(frozen smile)* eine Bemerkung wie *I see.* (Ich verstehe. / Aha.) oder *Very interesting.* (Sehr interessant.), die im genauen Widerspruch zur persönlichen Empfindung stehen. Understatement wird gepflegt …

## Weit verbreitete Gesten in den USA und Großbritannien

Der Daumen nach oben meint wie in den deutschsprachigen Ländern: *Good. OK.*

Die gekreuzten Finger *(fingers crossed)* sind eine abergläubische Geste, die Hoffnung ausdrücken *(Let's hope so.)* oder Glück bringen sollen *(Good luck.)* In den deutschsprachigen Ländern ist es in solchen Fällen üblich, die Daumen zu drücken.

Bei dem Victory-Zeichen (*victory* = Sieg) – auch als Friedensgeste bekannt – werden Zeige- und Mittelfinger zu einem „V" ausgestreckt. Die Handfläche zeigt dabei nach vorne und außen. Verwechseln Sie diese Geste auf keinen Fall mit …

… dem V-Zeichen mit nach innen zeigender Handfläche, die *Up yours!* (Du kannst mich mal!) bedeutet. Diese Geste ist vergleichbar mit derjenigen des ausgestreckten Mittelfingers, der auch in den englischsprachigen Ländern als starke Beleidigung empfunden wird.

In den USA dürfen Sie anderen gerne einen Vogel zeigen. Diese Geste bedeutet, dass Sie Ihren Gegenüber für *clever* halten.

# WICHTIGE UNREGELMÄSSIGE VERBEN

Angegeben sind: Infinitiv, past tense, -ed-Partizip und deutsche Grundform.

| be | was/were | been | sein |
|---|---|---|---|
| bring | brought | brought | bringen |
| buy | bought | bought | kaufen |
| come | came | come | kommen |
| do | did | done | machen, tun |
| drink | drank | drunk | trinken |
| drive | drove | driven ['drɪvən] | fahren |
| eat | ate | eaten | essen |
| find | found | found | finden |
| fly | flew | flown | fliegen |
| get | got | got | bekommen |
| give | gave | given | geben |
| go | went | gone | gehen |
| have | had | had | haben |
| know | knew | known | kennen, wissen |
| leave | left | left | (ver)lassen; abfahren |
| let | let | let | lassen |
| lose | lost | lost | verlieren |
| make | made | made | machen |
| mean | meant [ment] | meant [ment] | bedeuten; meinen |
| meet | met | met | treffen |
| pay | paid | paid | (be)zahlen |
| read | read [red] | read [red] | lesen |
| say | said [sed] | said [sed] | sagen |
| see | saw | seen | sehen |
| sell | sold | sold | verkaufen |
| send | sent | sent | senden |
| speak | spoke | spoken | sprechen |
| swim | swam | swum | schwimmen |
| take | took | taken | nehmen; dauern |
| tell | told | told | erzählen, sagen |
| think | thought | thought | denken |
| understand | understood | understood | verstehen |
| write | wrote | written | schreiben |